新手学外贸会计一本通

进出口业务核算与出口退税

杨 凤 ◎ 编著

中国铁道出版社有限公司
CHINA RAILWAY PUBLISHING HOUSE CO., LTD.

图书在版编目（CIP）数据

新手学外贸会计一本通 ：进出口业务核算与出口退税 / 杨凤编著 . -- 北京 ：中国铁道出版社有限公司，2025. 4. -- ISBN 978-7-113-31843-7

Ⅰ . F740.45

中国国家版本馆 CIP 数据核字第 2025R85H38 号

书　　名：新手学外贸会计一本通——进出口业务核算与出口退税
　　　　　XINSHOU XUE WAIMAO KUAIJI YI BEN TONG: JINCHUKOU YEWU HESUAN YU CHUKOU TUISHUI

作　　者：杨　凤

责任编辑：张　丹　　编辑部电话：（010）51873064　　电子邮箱：232262382@qq.com
封面设计：宿　萌
责任校对：安海燕
责任印制：赵星辰

出版发行：中国铁道出版社有限公司（100054，北京市西城区右安门西街 8 号）
网　　址：https://www.tdpress.com
印　　刷：北京联兴盛业印刷股份有限公司
版　　次：2025 年 4 月第 1 版　　2025 年 4 月第 1 次印刷
开　　本：710 mm×1 000 mm　1/16　印张：14　字数：201 千
书　　号：ISBN 978-7-113-31843-7
定　　价：69.80 元

版权所有　侵权必究

凡购买铁道版图书，如有印制质量问题，请与本社读者服务部联系调换。电话：（010）51873174
打击盗版举报电话：（010）63549461

前言

随着国际贸易不断发展,越来越多的人和企业加入对外贸易业务中。对外贸易需要与不同国家和地区的人员进行沟通联系,业务复杂性会比内销更强。很多多年从事外贸工作的人都不能自信地说自己精通外贸业务,然而,身在其位谋其职,外贸人员不懂外贸业务显然不行,外贸会计也不例外。

外贸公司内部的会计人员需要做账,也需要进行公司财务管理。如果不懂外贸会计知识,不会处理外贸会计业务,那么公司的财务工作可能会一塌糊涂。

但是,外贸会计并没有会计人员想象的那么简单易行,在会计科目的设置及收入确认等方面都与内销会计有所不同。外贸会计很有必要对相关业务知识进行系统且详细的学习,尤其是具体的账务处理和单据的填制,以及一些出口手续的办理和表格的填报。

在外贸会计工作中,还有一项非常重要且受从业者关注的事项,即出口退税,这也是外贸会计人员需要重点学习和掌握的知识。做好出口退税申报工作,可以让公司充分享受出口退税优惠政策带来的益处,为公司减轻税负,进而与境外公司的交易中进行更公平的竞争。

为了帮助从事外贸会计工作的读者了解基本的对外贸易业务,有针对性地掌握外贸会计的相关理论知识和实务操作,切实做好外贸会计工作,编写了本书。

本书可分为三个部分，共 7 章。

第一部分为第 1 章，介绍外贸会计人员需要了解的外贸业务基础知识，包括国际贸易术语、海关进出口货物收发货人备案、进出口权的获取、海关电子口岸的办理以及外贸会计的主要账户类型和常用核算科目等。

第二部分为第 2～5 章，介绍外贸会计需要做的会计业务核算工作，包括出口业务、进口业务及一些比较特殊的对外贸易，如加工贸易和补偿贸易等的账务处理。

第三部分为第 6～7 章，介绍对外贸易业务中涉及的税务问题，包括纳税申报、税收政策的学习及出口退税税额核算与实操。

本书与市场同类书相比的优势在于综合外贸会计工作中可能涉及的常见财务与税务知识，通过大量的案例提升业务实操感，让读者能更容易联系实际工作处理问题。同时还配以相应的业务办理流程，让外贸会计从业者能掌握切实有效的工作方法。

最后，希望所有读者都能从本书中学到想学的外贸会计知识，提升专业水平，提高自身工作能力，更加顺利地完成本职工作。

编　者

2025 年 1 月

目录

第1章 外贸会计必须要懂的行业知识

1.1 关于外贸业务的基础知识 2
    1.1.1 国际贸易术语与成交方式 2
    1.1.2 外贸会计与一般会计的区别 6

1.2 申请成立外贸公司需要办理的手续 7
    1.2.1 海关进出口货物收发货人备案 8
    1.2.2 进出口权的获取流程 10
    1.2.3 出口退税备案的办理 12
    1.2.4 海关电子口岸的办理 17

1.3 外贸企业的会计核算基础内容 20
    1.3.1 外贸企业会计的核算对象 21
    1.3.2 外贸会计的主要账户类型及常用核算科目 22

1.4 关税的一些基础知识 23
    1.4.1 简单了解关税的类型和不同税率 24

1.4.2　掌握关税的核算方法..25

1.4.3　熟悉关税的征收管理规定..29

第 2 章　熟知外币业务与国际贸易结算

2.1　外汇与外币业务基础知识详解..34

2.1.1　国际上常用的货币介绍..34

2.1.2　认识汇率标价法..35

实例讲解 直接标价法下汇率变动分析..........................35

实例讲解 间接标价法下汇率变动分析..........................36

2.1.3　结售汇、收汇和付汇分不清..................................39

2.1.4　外币账户主要有哪些..41

2.1.5　严格遵守外币业务核算的原则..............................43

2.1.6　外汇收入、支出和借款的处理..............................44

实例讲解 出口女装直接保留现汇的相关业务核算..........44

实例讲解 企业对外付汇的相关业务核算......................46

实例讲解 公司借入短期外汇借款的账务核算..............48

实例讲解 公司借入长期外汇借款的账务核算..............49

2.2　外币业务中汇兑损益的处理..52

2.2.1　熟练处理外币兑换业务..52

实例讲解 企业卖出外币涉及的汇兑损益核算..............53

实例讲解 企业购入外币涉及的汇兑损益核算..............54

2.2.2　处理汇兑损益的结转..54

实例讲解 企业采用集中结转法结转汇兑损益..............56

2.2.3　汇兑损益的期末调整处理......................................57

实例讲解 外币货币性项目的汇兑损益期末调整处理..........57

实例讲解 以历史成本计量的外币非货币性项目的汇兑损益期末调整处理..........59

实例讲解 以公允价值计量的外币非货币性项目的汇兑损益期末调整处理..........59

2.3 认识国际贸易结算的方式 60

2.3.1 汇付与托收结算 60

实例讲解 电汇方式下进出口方预付（预收）订金的核算 62

实例讲解 托收结算的业务核算工作 64

2.3.2 信用证结算 65

2.3.3 使用银行保函 73

2.3.4 多种结算方式的结合运用 74

第 3 章 外贸出口业务的核算

3.1 核算出口业务需要有的知识储备 78

3.1.1 熟悉出口贸易的一般流程 78

3.1.2 认识出口业务常见的单证 86

3.1.3 牢记出口销售收入的确认原则 88

3.2 自营出口业务的核算 91

3.2.1 购进出口商品的账务核算 92

实例讲解 购进出口商品不同情形的账务处理 93

3.2.2 购进出口商品特殊情况的账务核算 94

实例讲解 出口企业购进货物发生退回的业务核算 95

实例讲解 出口企业购进货物发生退补价的业务核算 96

实例讲解 出口企业购进货物发生短缺或溢余的业务核算 98

3.2.3 出口商品销售及支付佣金的账务核算 100

实例讲解 出口商品正常销售的核算工作 105

3.2.4 出口商品退关及销货退回的账务核算 107

实例讲解 出口商品发生销售退回的业务核算过程 109

3.2.5 出口业务中涉及的索赔和理赔业务处理 111

实例讲解 出口企业向进口方索赔的业务核算 111

　　　　实例讲解 出口企业向进口方理赔的业务核算 113

3.3 代理出口业务的核算 115

3.3.1 熟悉代理出口销售业务的特征与流程 115

3.3.2 代理出口商品收发及销售的账务核算 117

　　　　实例讲解 接受委托代销出口商品的买断业务核算 118
　　　　实例讲解 接受委托代销出口商品收取手续费的业务核算 120

3.3.3 代理出口业务中关税的核算处理 122

　　　　实例讲解 代理出口业务涉及出口关税的核算与账务处理 123

第4章　外贸进口业务的核算

4.1 核算进口业务需要具备的基础知识 126

4.2 自营进口货物的核算 128

4.2.1 熟知自营进口货物采购成本的构成 128

4.2.2 自营进口商品购进与销售账务核算 130

　　　　实例讲解 公司进口商品并将其对外出售的账务处理 133

4.2.3 自营进口商品发生销售退回的账务核算 136

　　　　实例讲解 公司进口商品发生退货的情况的账务处理 136

4.2.4 自营进口商品涉及的索赔和理赔业务处理 137

　　　　实例讲解 公司进口商品对外销售后被要求赔偿的业务处理 138

4.3 代理进口业务的核算 140

　　　　实例讲解 公司代理进口业务涉及的核算工作内容 142

4.4 技术进口业务的核算 144

4.4.1 技术进口业务的主要方式 144

4.4.2 技术进出口与一般货物进出口的对比分析 145

4.4.3 技术进口的账务核算 146

　　　　实例讲解 从境外引进技术采用不同的支付方式的不同账务处理 147

第 5 章 加工贸易与补偿贸易的核算

5.1 进料加工与来料加工的账务处理.................152
5.1.1 进料加工业务的账务核算.................152
实例讲解 外贸公司进料复出口业务的核算与账务处理.................154
5.1.2 来料加工与进料加工的不同之处.................156
5.1.3 来料加工的账务核算.................157
5.1.4 化解外贸企业来料加工业务里的风险.................161
实例讲解 外贸公司开展来料加工业务陷入风险.................161

5.2 认识外贸交易中的补偿贸易.................164
5.2.1 开展补偿贸易相关业务要重视的要点.................165
5.2.2 熟知补偿贸易与一般贸易、易货贸易的区别.................167
5.2.3 补偿贸易涉及的账务核算.................167
实例讲解 外贸公司开展补偿贸易的业务核算过程.................169

第 6 章 进出口业务纳税申报与税收政策

6.1 进出口纳税申报事宜.................172
6.1.1 进口增值税与消费税的核算与纳税申报.................172
实例讲解 进口货物增值税、消费税与关税的核算与账务处理.................173
6.1.2 其他税种的核算与进出口纳税申报事项.................174
实例讲解 进口货物其他应缴税费的核算与账务处理.................179

6.2 外贸业务的其他税收政策.................180
6.2.1 跨境应税行为适用增值税免税政策.................180
6.2.2 跨境应税行为适用增值税零税率政策.................183
6.2.3 跨境电子商务零售出口的相关税收政策.................184

6.2.4 市场采购贸易方式出口货物免征增值税政策..................185

6.2.5 跨境电子商务综试区零售出口的相关税收政策..................186

第7章 外贸业务出口退税实操概览

7.1 出口退（免）税的规定及核算方法..................190

    7.1.1 熟悉出口退税申报的整个流程..................190

    7.1.2 了解出口退税税率查询方法和应具备的退税条件..................194

    7.1.3 出口退（免）税所需证件资料..................197

    7.1.4 了解办理出口退（免）税所需主要凭证的样式..................199

    7.1.5 出口企业货物退（免）税额如何计算..................203

        实例讲解 境内生产企业免、抵、退税的核算..................204

    7.1.6 出口应退增值税的计算..................206

        实例讲解 核算外贸企业出口货物应退增值税..................206

    7.1.7 应退税额、期末留抵税额和免抵退税额三者关系..................207

        实例讲解 分析应退税额与期末留抵税额的关系..................208

    7.1.8 退税延期备案的处理方法..................210

    7.1.9 应税消费品出口想要退税需满足什么条件..................211

7.2 认识出口退税申报系统..................211

第1章

外贸会计必须要懂的行业知识

外贸是对外贸易的简称,即常说的进出口贸易,由此可见,外贸包括进口和出口两个部分。由于外贸活动涉及进出口报关纳税以及出口退税等比较特殊的事宜,因此外贸会计与一般的生产企业会计有一定区别,本章先来看看外贸会计必须要懂的行业知识。

1.1 关于外贸业务的基础知识

外贸交易活动是一种更复杂的销售活动，从事外贸交易的人员了解外贸的基础知识才能顺利开展工作，其中也包括财务人员，不仅要了解外贸业务知识，还要懂得外贸会计工作。

1.1.1 国际贸易术语与成交方式

国际贸易术语（trade terms of international trade）又称贸易条件、价格术语，表示买卖双方承担的义务，承担的义务不同，报价会受到影响。在实际外贸业务中，国际贸易术语也称为出口报关成交方式。

所以，贸易术语是报价必不可少的元素。除此以外，报价还包括价格和货币两个元素，总共三个元素。为什么说贸易术语是报价必不可少的元素呢？

因为外贸交易存在地理和国别差异，所以成交时间会比较长，交易手续也会比较复杂，交易双方沟通不便，容易在各自应承担的责任和义务上出现互相扯皮的情况。为了减少交易双方的争执和表述上的歧义，在实际交易中逐渐将贸易条件与价格联系起来，这就有了国际贸易术语。

国际上通用的贸易术语有效简化了沟通，缩短了交易进度。在认识具体的贸易术语之前，需要对贸易术语有一个大概的认识，它主要有两层含义，如图1-1所示。

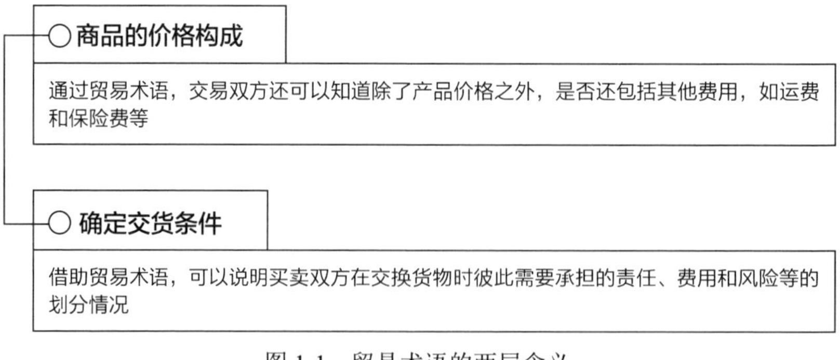

○ **商品的价格构成**
通过贸易术语，交易双方还可以知道除了产品价格之外，是否还包括其他费用，如运费和保险费等

○ **确定交货条件**
借助贸易术语，可以说明买卖双方在交换货物时彼此需要承担的责任、费用和风险等的划分情况

图1-1 贸易术语的两层含义

国际惯例不仅规定了贸易术语，还对买卖双方在外贸交易中应承担的义务做了完整且准确的解释，避免买卖双方因为对合同条件理解不一致而在履约过程中产生争议。

国际贸易术语的使用通过《国际贸易术语解释通则》进行规范，但时代变化，贸易术语也在不断修订，目前以2020版为准，具体见表1-1。

表1-1 国际贸易术语2020版

组别	术语	解释	交货地点	风险转移界限	责任与费用划分
C组	CFR（cost and freight）	成本加运费（插入指定目的港）：指卖方在船上交货或以取得已经这样交付的货物方式交货。CFR价=FOB价+F运费	指定的装运港口	货物交到船上时	运输费用：卖方 保险费用：买方 出口清关：卖方 进口清关：买方
	CIF（cost insurance and freight）	成本、保险费加运费（插入指定目的港）：指在装运港当货物越过船舷时卖方即完成交货。CIF价=FOB价+F运费+I保险费，俗称"到岸价"	指定的装运港口	货物交到船上时	运输费用：卖方 保险费用：卖方 出口清关：卖方 进口清关：买方
	CPT（carriage paid to）	运费付至（插入指定目的地）：指卖方在双方约定地点将货物交给买方指定的承运人或者其他人。CPT价=FCA价+F运费	国内陆路口岸或者港口	货交第一承运人	运输费用：卖方 保险费用：买方 出口清关：卖方 进口清关：买方
	CIP（carriage and insurance paid to）	运费、保险费付至（插入指定目的地）：指卖方在双方约定地点将货物交给买方指定的承运人或者其他人。CIP价=FCA价+F运费+I保险费	国内陆路口岸或者港口	货交第一承运人	运输费用：卖方 保险费用：卖方 出口清关：卖方 进口清关：买方
D组	DAP（delivered at place）	目的地交货（插入指定目的地）：指卖方在指定的目的地交货，只需做好卸货准备，无须卸货即完成交货。卖方应承担将货物运至指定目的地的一切风险和费用（除进口费用外）	指定目的地	送达目的地	运输费用：卖方 保险费用：卖方 出口清关：卖方 进口清关：买方

续上表

组别	术语	解释	交货地点	风险转移界限	责任与费用划分
D组	DPU（delivered at place unloaded）	卸货地交货：卖方在指定的目的地卸货后完成交货	指定目的地	卸货	运输费用：卖方 保险费用：卖方 出口清关：卖方 进口清关：买方
D组	DDP（delivered duty paid）	完税后交货（插入指定目的地）：指当卖方在指定目的地将仍处于抵达的运输工具上但已完成进口清关，且已做好卸货准备的货物交由买方处置时，即为交货。代表卖方最大责任，此时卖方还需承担各种手续费和税费	进口国国内目的地	买方处置货物后	运输费用：卖方 保险费用：卖方 出口清关：卖方 进口清关：卖方
E组	EXW（ex works）	工厂交货（插入指定地点）：指当卖方在其所在地或者其他指定地点将货物交由买方处置时，即完成交货。代表卖方最低义务。通常来说，卖方不负责将货物装上买方准备的车辆或办理货物结关，比较适用于没有实际出口权的厂家	车间、仓库、工厂所在地	买方处置货物后	运输费用：买方 保险费用：买方 出口清关：买方 进口清关：买方
F组	FCA（free carrier）	货交承运人（插入指定交货地点）：指卖方在其所在地或者其他指定地点将货物交给买方指定的承运人或其他人	出口国地点或港口	货交第一承运人	运输费用：买方 保险费用：买方 出口清关：卖方 进口清关：买方
F组	FOB（free on board）	船上交货（插入指定装运港）：指卖方在指定装运港将货物装上买方指定的船舶或通过取得已交付至船上货物的方式交货	指定的装运港口	货物交到船上时	运输费用：买方 保险费用：买方 出口清关：卖方 进口清关：买方
F组	FAS（free alongside ship）	船边交货（插入指定装运港）：指当卖方在指定的装运港将货物交到买方指定的船边（如置于码头或驳船上）时，即为交货	指定的装运港口	卖方将货物交到船边时	运输费用：买方 保险费用：买方 出口清关：卖方 进口清关：买方

从表 1-1 内容可以看出，贸易术语除了与报价有关，还与海关报关单填制的成交方式密切相关。按照运输方式的不同，可以将上述 11 种交易模式划分为如下两大类：

（1）适用于所有运输方式或多式联运：CPT、CIP、DAP、DPU、DDP、EXW 和 FCA。所有运输方式包括航空运输、海运、内河运输、公路运输以及铁路运输。

（2）仅适用于海运和内河运输：CFR、CIF、FOB 和 FAS。

具体填报时，成交价格包含运费的，填写"运费"栏，不包含的不填；成交价格包含保险费的，填写"保费"栏，不包含的不填。成交价格包含了运费、保险费等需要填报，是因为货物出口后向税务机关申请退税时，退税是以 FOB 价格为基础计算退税额，实际 FOB 价格应以出口发票上的 FOB 价格为准，但如果出口发票不能反映实际 FOB 价格，主管税务机关有权予以核定。

表 1-2 展示了出口报关单中外贸成交条款与报关单成交方式的对应关系，以及运费和保险费栏目的填写规则。

表 1-2　出口报关单中外贸成交条款与报关单成交方式的对应关系

贸易成交条款	报关单成交方式	"运费"栏	"保费"栏
CIF	CIF	填写	填写
DAP、DPU、DDP	CIF	填写	填写
CFR、CPT	C&F	填写	空
EXW	EXW	空	空
CIP	CIF	填写	填写
FCA、FOB、FAS	FOB	空	空

而进口货物的完税价格由海关以该货物的成交价格为基础审查确定，并且应包括货物运抵中华人民共和国境内输入地点起卸前的运输及其相关费用、保险费。因此，如果成交价格包含运费、保险费，则不填写，不包含时才填写，刚好与出口相反。表 1-3 展示了进口报关单中外贸成交条款

与报关单成交方式的对应关系，以及运费和保险费栏目的填写规则。

表 1-3　进口报关单中外贸成交条款与报关单成交方式的对应关系

贸易成交条款	报关单成交方式	"运费"栏	"保费"栏
CIF	CIF	空	空
DAP、DPU、DDP	CIF	空	空
CFR、CPT	C&F	空	填写
EXW	EXW	填写	填写
CIP	CIF	空	空
FCA、FOB、FAS	FOB	填写	填写

1.1.2　外贸会计与一般会计的区别

外贸会计与一般会计的区别主要产生于外贸业务的特殊性，具体有如下不同：

1. 账户科目多一些

与一般会计相比，外贸会计由于面向外贸公司，涉及外币结算、汇兑损益和出口退税等业务，因此，账户科目会比一般会计涉及的账户科目多一些。

2. 纳税申报和收益核算等操作不同

外贸会计在纳税申报、收益核算等方面与一般会计的操作是不同的。

在纳税申报方面，外贸会计需要熟悉海关的报关规定，要对国际贸易政策和法规有深入的理解，以确保企业业务运营符合相关规定；另外，外贸会计需缴纳进口和出口税，甚至需要处理多个国家和地区的纳税、税务报告和税务申报工作，因此也必须熟悉不同国家和地区的财务会计法规，以满足地方性的税法、市场监督和金融监管要求。这些对于一般会计来说是不需要考虑的。

在收益核算方面，外贸会计必须对汇率问题有深入的了解，以便进行货币兑换和跨国交易，同时计算出准确的收支总额。外贸会计还要能分析互联网和数字技术领域的信息和数据，以便进行更精确的财务决策。这些收益核算操作要求比一般会计更高。

3. 工作能力方面的不同

外贸会计主要针对从事外贸企业会计工作的专业人员，在具备会计知识的基础上，要求更高、更专业的实务经验，同时具备外汇业务核算、报关、出口货物退（免）税核算、技术进出口和编制进出口企业会计报表等方面的业务能力。而一般会计只要求掌握一定的会计知识并具备一定的实务工作经验。

4. 英语运用能力的不同

外贸会计与一般会计之间最明显的区别当属对英语能力的要求。外贸会计的英语能力要求很高，不仅要会基本的英语交流，还要熟练掌握与外贸会计相关的英语单词和短语等。外贸会计需要将会计与英语知识紧密结合使用，而一般会计基本上用不到英语知识，但会计人员如果有相应的能力，会更有优势。

关于外贸会计与一般会计在账户科目上的不同，相关内容将在本章后面的小节中介绍。

1.2　申请成立外贸公司需要办理的手续

实际上，申请成立外贸公司的流程与申请成立一般公司的流程类似，首先核准外贸公司的名称，其次申请公司的设立登记，然后领取公司的营业执照，最后凭借营业执照刻制印章、开立银行账户以及申请纳税登记。但是，在整个过程中，申请成立外贸公司还会涉及其他一些特殊的手续，如进出口货物收发货人备案以及出口退税备案等，外贸会计需要了解这些手续如何办理，以便更高效地帮助公司完成设立登记和运营。

TIPS 关于取消对外贸易经营者备案登记

根据《关于修改中华人民共和国对外贸易法》的决定，删去原《对外贸易法》的第九条，即从事货物进出口或者技术进出口的对外贸易经营者，应当向国务院对外贸易主管部门或者其委托的机构办理备案登记；但是，法律、行政法规和国务院对外贸易主管部门规定不需要备案登记的除外。备案登记的具体办法由国务院对外贸易主管部门规定。对外贸易经营者未按照规定办理备案登记的，海关不予办理进出口货物的报关验放手续。

也就是说，依法办理注册登记或者其他执业手续，依照《对外贸易法》和其他有关法律、行政法规的规定从事对外贸易经营活动的法人、其他组织或者个人不再进行对外贸易经营者备案登记。对于申请进出口环节许可证、技术进出口合同登记证书、配额、国营贸易资格等相关证件和资格的市场主体，有关部门不再要求其提供对外贸易经营者备案登记资料。

虽然对外贸易经营者备案登记取消了，进出口收发货人（企业）可以自动获取进出口权，但是仍然需要办理海关登记以获取报关权限。

1.2.1 海关进出口货物收发货人备案

进出口货物收发货人是指依法直接进口或者出口货物的中华人民共和国境内的法人，其他组织或者个人。进出口货物收发货人依法设立的分支机构可以办理进出口货物收发货人分支机构备案，并对其分支机构的行为承担法律责任。

根据我国海关法律的相关规定，进出口货物收发货人、报关企业办理报关手续，应当依法向海关备案。

报关企业是指中华人民共和国关境内按照规定经海关备案，接受进出口货物收发货人的委托，以委托人的名义或者自己的名义向海关办理代理报关业务，从事报关服务的企业。

实务中，进出口货物收发货人和报关企业统一称为报关单位。下面分别从进出口货物收发货人以及进出口货物收发货人分支机构两个方面介绍备案需要符合的条件。

1. 进出口货物收发货人的条件

进出口货物收发货人备案首先应当满足市场主体类型的条件，具体有以下六种市场主体类型：

①公司、非公司企业法人。

②个人独资企业、合伙企业。

③农民专业合作社（联合社）。

④个体工商户。

⑤外国公司分支机构。

⑥法律、行政法规规定的其他市场主体。

其次要满足的条件是尚未办理进出口货物收发货人备案或临时备案。

2. 进出口货物收发货人分支机构的条件

进出口货物收发货人分支机构备案首先也应当满足市场主体类型的条件，具体有以下三种类型：

①公司、非公司企业法人。

②个人独资企业、合伙企业。

③农民专业合作社（联合社）。

其次还要满足的条件有以下两个：

①进出口货物收发货人分支机构所属市场主体已经办理进出口货物收发货人备案。

②尚未办理进出口货物收发货人分支机构备案或临时备案。

无论是进出口货物收发货人，还是进出口货物收发货人分支机构，备案申请方式有如下四种：

①通过国际贸易"单一窗口"或"互联网＋海关"提交备案或变更电子申请。

②通过市场监管部门"多证合一"政务服务平台提交备案电子申请。

③到所在地海关提交纸质申请。

④经海关认可的其他申请方式。

经审核，备案材料齐全，符合报关单位备案要求的，备案信息通过"中国海关企业进出口信用信息公示平台"进行公布。

需要注意的是，进出口货物收发货人及其分支机构填写"报关单位备案信息表"时，应对报关单位名称、市场主体类型、管理人员信息、所属报关人员等信息如实填写。其中，法定代表人（负责人）信息栏，法人填写法定代表人信息，合伙企业填写执行事务合伙人信息，个人独资企业填写投资人信息，个体工商户填写经营者信息，其他非法人机构填写负责人信息，外商投资企业等应当填写出资者信息。

TIPS 报关单位进行备案信息变更和备案注销

报关单位名称、市场主体类型、住所（主要经营场所）、法定代表人（负责人）、报关人员等"报关单位备案信息表"载明的信息发生变更的，报关单位应当自变更之日起30日内向所在地海关申请变更。注意，报关单位因迁址或者其他原因造成所在地海关发生变更的，应当向变更后的海关申请变更备案信息。

报关单位有下列情形之一的，应当向所在地海关办理备案注销手续：

①因解散、被宣告破产或者其他法定事由终止的。
②被市场监督管理部门注销或者撤销登记、吊销营业执照的。
③临时备案单位丧失主体资格的。
④其他依法应当注销备案的情形。

注意，报关单位已经在海关备案注销的，其所属分支机构应当办理备案注销手续。报关单位未按照前两款规定办理备案注销手续的，海关发现后应当依法注销，报关单位备案注销前，应当办结海关有关手续。

1.2.2 进出口权的获取流程

进出口权是进出口企业自己开展进出口业务的资格，并不是单独的一张证书或者批文，它是进出口企业在得到商务部、海关、检验检疫、外汇管理局、电子口岸等相关部门的批准，并拿到这些部门的证书后，才表示这个公司拥有了自营进出口的权利。

取得进出口权的好处，进出口企业有必要了解，大致包括以下四点：

①直接与境外签订合同，减少中间环节。

②拥有收付外汇的权利，结算更省心。

③简化代理环节并节省相应的费用，提高效率的同时也可以省钱。

④公司能享受出口退税，获取税收利益。

那么，进出口企业要如何获取进出口权呢？相关申请手续和办事流程如图1-2所示。

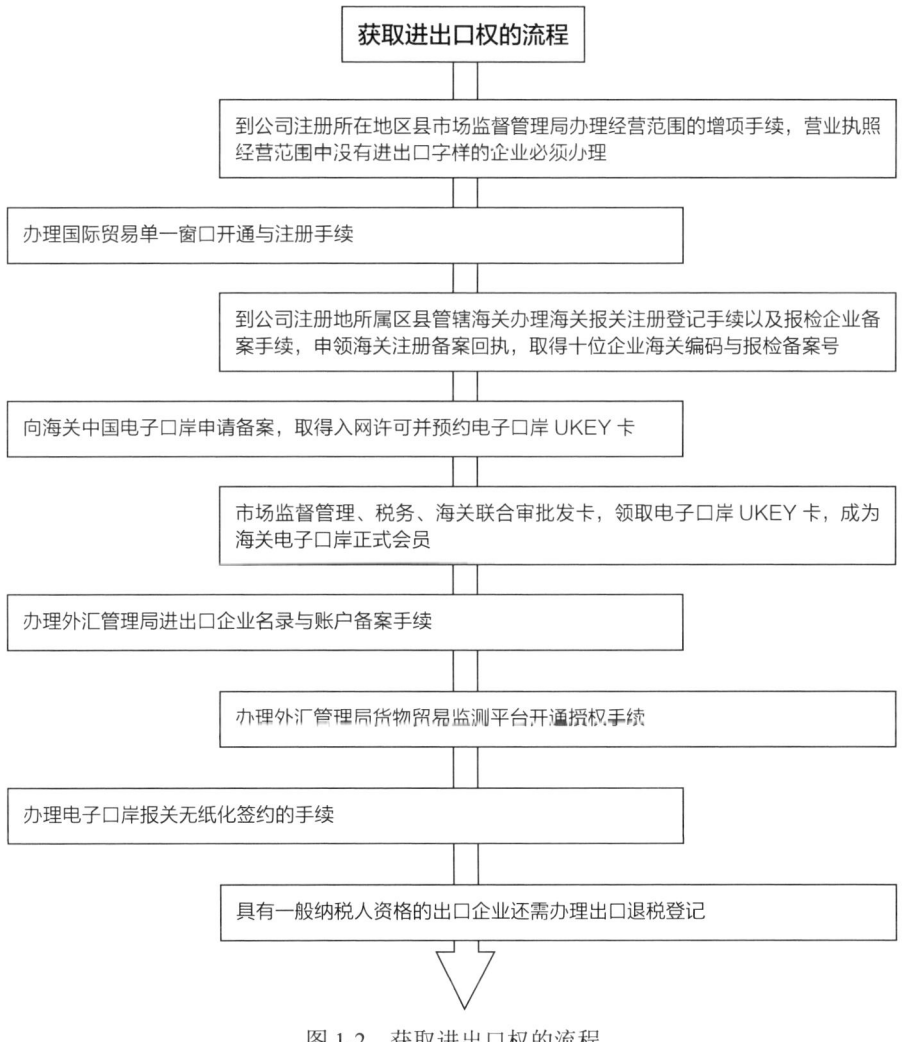

图1-2 获取进出口权的流程

注意，进出口权的获得者必须是法人，个人不能获得进出口权。目前我国进出口权的获得条件已经十分宽松，只要从事外贸活动的企业有依法办理的有效营业执照和银行开户账号即可。

> **TIPS** 进出口许可证与进出口权的区别
>
> 进出口许可证是由国家相关部门给进出口商签发的允许商品进口或出口的证书，也是海关查验货物和银行办理结汇的依据。进出口许可证是针对商品的，简单来说就是商品批文，只有国家要求的某些商品才需要办理进出口许可证。而进出口权是针对企业的，是企业进行进出口经营的权利。

1.2.3 出口退税备案的办理

出口退（免）税企业备案实际上是出口退（免）税企业备案信息报告事项之一。出口退（免）税企业备案信息报告事项是指享受出口退（免）税政策的出口企业，在申报出口退（免）税前向主管税务机关申请办理出口退（免）税企业备案以及后续的备案变更、备案撤回事项，具体包括出口退（免）税备案、生产企业委托代办退税备案。

1. 出口退（免）税备案

出口企业或其他单位首次向税务机关申报出口退（免）税，应向主管税务机关办理出口退（免）税备案。

新成立的外贸型出口企业在首次申报出口退（免）税时，向主管税务机关提供内容填写真实、完整的"出口退（免）税备案表"，即可申请办理出口退（免）税备案。

需要提示的是，在填写"出口退（免）税备案表"时，"退税开户银行账号"栏次应从税务登记的银行账号中选择一个填报。

关于出口退（免）税备案事项，还有其他一些手续需要了解，具体如下：

①出口企业或其他单位备案登记的内容发生变更的，需自变更之日起

30日内办理备案变更；需清税注销或撤回备案的，应向主管税务机关申请办理撤回出口退（免）税备案手续。

②经营融资租赁货物出口业务的企业应在首份融资租赁合同签订之日起30日内，向主管税务机关申请办理经营融资租赁退税备案手续。融资租赁业务出租方退税备案内容变更或撤回的，须向主管税务机关办理备案变更或备案撤回手续。

③出口企业进行首次启运港退（免）税申报时，即视为出口企业完成启运港退（免）税备案。

④退税代理机构首次申报境外旅客离境退税结算时，应先向主管税务机关办理退税代理机构备案。

办理出口退（免）税备案手续时，需要提供"出口退（免）税备案表"及电子数据共两份。除此以外，如果出口企业还有表1-4中的情形，还需要对应提交相关资料。

表1-4 一些特殊情形下办理出口退（免）税需要的材料

特殊情形	需要的材料
未办理备案登记发生委托出口业务的生产企业	委托代理出口协议一份
从事国际水路运输的增值税零税率应税服务提供者	"国际船舶运输经营许可证"复印件一份
从事国际航空运输的增值税零税率应税服务提供者	经营范围包括"国际航空客货邮运业务"的"公共航空运输企业经营许可证"复印件或经营范围包括"公务飞行"的"通用航空经营许可证"复印件一份
从事国际公路运输的增值税零税率应税服务提供者	经营范围包括"国际运输"的"道路运输经营许可证"复印件和"国际汽车运输行车许可证"复印件一份
从事国际铁路运输的增值税零税率应税服务提供者	经营范围包括"许可经营项目：铁路客货运输"的"企业法人营业执照"或其他具有提供铁路客货运输服务资质的证明材料复印件一份
对外研发服务、设计服务、技术转让服务	"技术出口合同登记证"复印件一份。注意，符合条件的可以调阅复用，可免于重复提供

续上表

特殊情形	需要的材料
从事航天运输的增值税零税率应税服务提供者	经营范围包括"商业卫星发射服务"的"企业法人营业执照"或国家国防科技工业局颁发的"民用航天发射项目许可证"或其他具有提供商业卫星发射服务资质的证明材料复印件一份
经营融资租赁业务出口货物	①从事融资租赁业务资质证明一份; ②融资租赁合同复印件一份
境外旅客购物离境退(免)税代理机构办理出口退税备案	与省税务局签订的服务协议一份
办理变更出口退(免)税备案	①"出口退(免)税备案表"及电子数据共两份; ②有关变更项目的批准文件、证明材料复印件一份; ③增值税零税率应税服务,应报送增值税零税率应税服务变更项目对应的资料一份
办理撤回出口退(免)税备案	"出口退(免)税备案表"及电子数据共两份
办理撤回出口退(免)税备案时属于合并、分立、改制重组的	①"企业撤回出口退(免)税备案未结清退(免)税确认书"一份; ②合并、分立、改制重组企业决议一份; ③合并、分立、改制重组企业章程一份; ④合并、分立、改制重组相关部门批件一份; ⑤承继撤回备案企业权利和义务的企业在撤回备案企业所在地的开户银行名称及账号一份
办理撤回出口退(免)税备案时属于放弃未申报或已申报但尚未办理的出口退(免)税的	放弃未申报或已申报但尚未办理的出口退(免)税声明一份

如果出口企业是免税品经营企业,且享受销售货物退税政策的,也应向主管税务机关申请退税备案。如果企业的经营范围发生变化,应在变化之日后的首个增值税申报期内进行备案变更。

其他还有一些特殊情形的出口退(免)税资料,纳税人可以通过国家税务总局官网"办税指南→出口退(免)税"查询。

2. 生产企业委托代办退税备案

符合条件的生产企业在已办理出口退(免)税备案后,首次委托综服企业代办退税前,应当向主管税务机关办理委托代办出口退税备案。

关于生产企业委托代办退税备案事项，还有其他一些手续需要了解，具体如下：

①委托代办退税的生产企业的"代办退税情况备案表"中的内容发生变更的，委托代办退税的生产企业应自变更之日起 30 日内，向主管税务机关申请办理备案内容的变更。

②委托外贸综合服务企业代办退税的转登记纳税人，应在综服企业主管税务机关按规定向综服企业结清该转登记纳税人的代办退税款后，按照规定办理委托代办退税备案撤回。

③生产企业办理撤回委托代办退税备案事项的，应在综服企业主管税务机关按规定向综服企业结清该生产企业的代办退税款后办理。

④委托代办退税的生产企业办理撤回出口退（免）税备案事项的，应按规定先办理撤回委托代办退税备案事项，然后再办理撤回出口退（免）税备案。

生产企业委托代办退税备案，办理手续时需要的资料有以下两种：
①"代办退税情况备案表"及电子数据共两份。
②代办退税账户一份。

需要说明的是，纳税人申请办理出口退（免）税备案、证明开具及退（免）税申报等事项时，按照现行规定需要现场报送的纸质表单资料，可选择通过国际贸易"单一窗口"、电子税务局等网上系统，以影像化或者数字化方式提交。

纳税人通过网上渠道提交相关电子数据、影像化或者数字化表单资料后，即可完成相关出口退（免）税事项的申请。

原需报送的纸质表单资料，以及通过网上渠道提交的影像化或者数字化表单资料，纳税人应妥善留存备查。

3. 办理流程

除按规定需结清出口退（免）税款后才能办理的出口退（免）税备案变更、撤回事项外，即时办结。大致办理流程如图 1-3 所示。

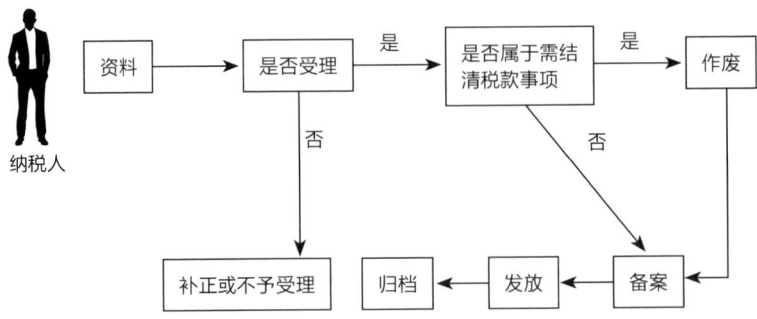

图1-3 出口退（免）税企业备案信息报告事项办理流程

注意，符合以下条件的出口企业可向税务机关申请无纸化退税申报：

①自愿申请开展出口退（免）税无纸化管理工作，且向主管税务机关承诺能够按规定将有关申报资料留存企业备查。

②出口退（免）税企业分类管理类别为一类、二类、三类。

③有税控数字签名证书或主管税务机关认可的其他数字签名证书。

④能够按规定报送经数字签名后的出口退（免）税全部申报资料的电子数据。

TIPS 出口企业退（免）税权放弃与恢复报告事项

出口企业退（免）税权放弃与恢复报告事项包括出口货物劳务放弃退（免）税备案、出口货物劳务放弃免税权备案、放弃适用增值税零税率备案和恢复适用出口退（免）税政策声明。

一般来说，出口企业不会放弃退（免）税权，但如果有这样的需求，出口企业也可以放弃全部适用退（免）税政策出口货物劳务的退（免）税，并选择适用增值税免税政策或征税政策。放弃适用退（免）税政策的出口企业，应向主管税务机关办理备案手续。自备案次日起36个月内，其出口的适用增值税退（免）税政策的出口货物劳务，适用增值税免税政策或征税政策。

1.2.4 海关电子口岸的办理

电子口岸是国家进出口统一信息平台，它依托互联网，将进出口信息流、资金流和货物流集中存放在一个公共数据平台，实现口岸管理相关部门之间的数据共享和联网核查，如海关、国检、国税、外管等执法部门，提供了海关报关、加工贸易、外汇核销单、出口退税等业务功能。

电子口岸建设由国务院口岸工作部际联席会议指导，各口岸管理相关部门参与建设，分为中国电子口岸和地方电子口岸两个层面。

电子口岸是一个集口岸通关执法服务与相关物流商务服务于一体的大通关统一信息平台，并逐步延伸扩展至国际贸易各主要服务环节，实现国际贸易"单一窗口"功能。下面来看看海关电子口岸的办理具体会涉及哪些手续。

1. 预录入系统数据交换接口申请

海关总署《关于开放海关预录入系统客户端软件及业务数据交换接口的公告》(〔2016〕16号)明确规定，开放海关预录入系统业务数据交换接口。从事进出口业务的企业可自行或选择通过第三方服务商提供的技术服务改造内部系统，实现与海关预录入系统业务数据交换。相关业务系统包括一次申报、舱单、快件、加工贸易等。

海关预录入系统数据交换接口申请网上办理平台面向企业提供接口申请、连通性测试申请、正式接入申请以及状态查询等功能。在办理该手续时，用户（即从事进出口业务的企业）需要准备的资料如下：

①"××关区业务数据交换接口使用申请表"。

②企业法人授权书。

③经办人身份证原件及复印件。

准备好资料后，办理手续的人还应熟知海关外网业务数据交换接口使用服务的大致流程，避免"走弯路"浪费时间。图1-4是海关外网业务数据交换接口使用服务流程图。

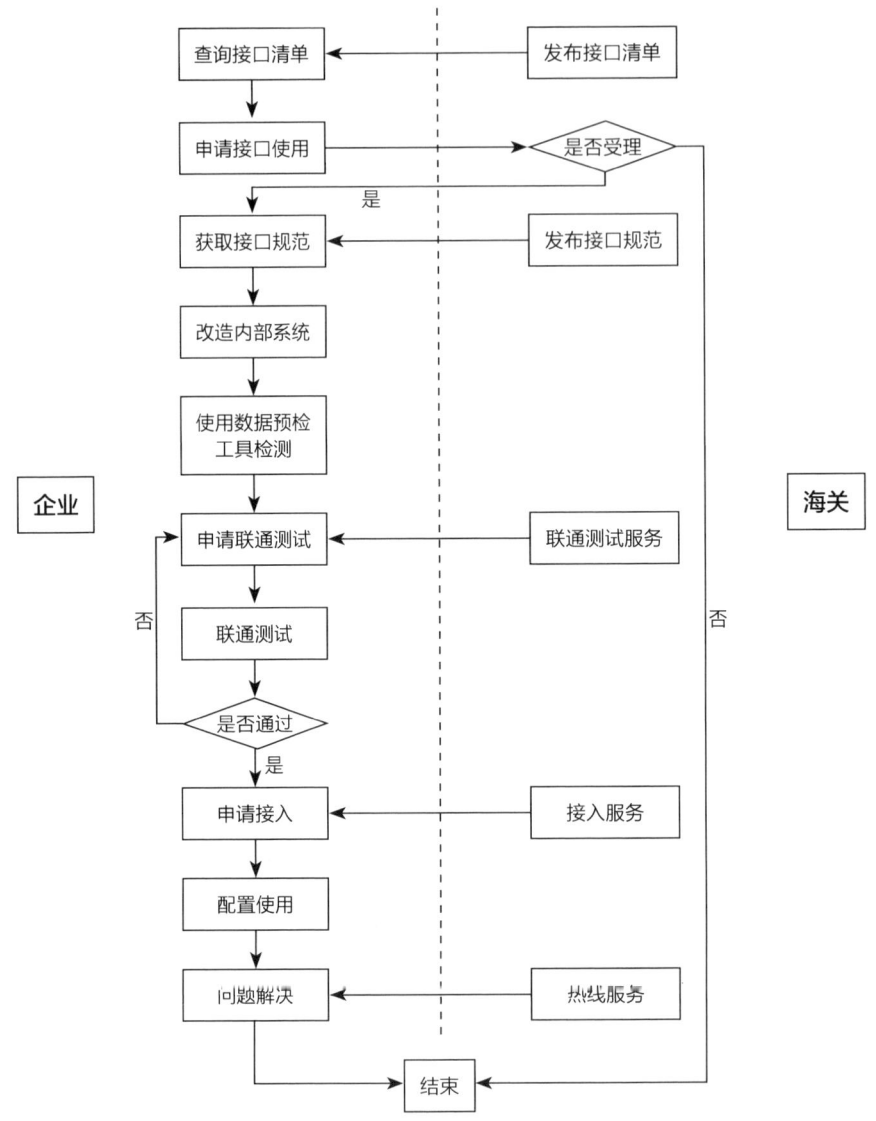

图 1-4　海关外网业务数据交换接口使用服务流程图

相关工作完成后，企业自有信息系统与海关预录入系统实现对接，企业可通过自己的信息系统直接向海关申报数据。

2. 中国国际贸易单一窗口自动导入客户端申请

进出口企业使用"中国国际贸易单一窗口"（以下简称单一窗口）标

准版自动导入客户端，可实现企业信息化系统与"单一窗口"标准版自动对接，完成企业业务数据批量导入，提高业务申报效率。

实际工作中，可通过"单一窗口"地方电子口岸在线自助申请接入服务，而"单一窗口"标准版自动导入客户端接入工作总体流程如图1-5所示。

图1-5 "单一窗口"标准版自动导入客户端接入工作总体流程

"单一窗口"标准版自动导入客户端分为联调测试和运行环境两种客户端。企业在接入前，选择"单一窗口"网站中的"服务支持/用户手册"栏中自行下载相关资料，并按照相关资料要求做好技术准备，如注册并申请客户端、安装客户端、导入客户端设置和导入客户端管理等。

技术准备完成后，企业进入联调测试，大致流程以及相关操作见表1-5。

表1-5 联调测试的流程及操作

流程	具体操作
提交申请	企业在"单一窗口"账号信息管理界面中注册用户信息并申请导入客户端。企业可自助上传企业信息，并且标准版会反馈对应配置信息
联调测试	企业进行联调测试时应确保业务测试的完整性和充分性。若出现问题，企业应根据回执信息对报文进行调整。如需要服务和支持时，可与地方运行服务实体联系
结果确认	对联调测试结果进行确认

企业"单一窗口"标准版自动导入客户端接入流程以及相关操作见表1-6。

表1-6 接入流程及相关操作

流程	具体操作
提交申请	企业联调测试通过后，在运行环境注册用户并申请导入客户端，与联调环境注册申请流程大致相同

续上表

流程	具体操作
受理	企业正式受理申请后，标准版系统将会在第二个工作日内线上审批申请企业的信息，并将导入客户端配置反馈企业
接入	接入过程中，企业若遇到问题，可拨打地方运行服务实体服务热线，及时沟通反馈情况，获取相关服务支持

企业在使用过程中如果遇到问题，可拨打地方运行服务实体提供的服务热线，根据指引进行"单一窗口"客户端软件的下载、安装、接口报文规范使用、联调测试及接入。

3. 中国电子口岸用户入网申请

依据《海关总署 商务部 税务总局 市场监管总局 国家外汇局公告2023年第164号》（关于进一步便利电子口岸企业入网手续办理的公告），注册成为电子口岸新用户的过程即视为办理电子口岸入网手续。用户可通过中国电子口岸进行线上申请。

该手续的办理流程主要有如下两个步骤：

第一步：申请人访问中国电子口岸门户网站，根据界面指引提交入网申请及身份证明材料等相关基本信息，进行用户注册。

第二步：需要申领电子口岸卡和数字证书的企业，可向所在地数据分中心提交制卡申请。企业提交的申请信息经核实与营业执照信息一致的，制发电子口岸企业法人卡。

1.3 外贸企业的会计核算基础内容

外贸企业的主要经营业务包括出口业务，即采购境内商品销往境外；进口业务，即从境外采购商品在境内销售；加工贸易业务，如进料加工贸易与来料加工贸易，即从境外来料或进料，在境内加工后复出口到境外；内销业务，即境内购进境内销售。外贸会计主要负责企业进出口业务的核算、分析、预测和控制工作。

1.3.1 外贸企业会计的核算对象

外贸企业的会计核算对象，是外贸企业进出口商品流转过程中的资金运动。在出口经营活动中，企业销售出口商品，获得外汇，然后按照国家规定与银行结汇；在进口经营活动中，企业要用人民币向银行购买外汇，以对外支付货款。图1-6为进出口业务与资金运动情况。

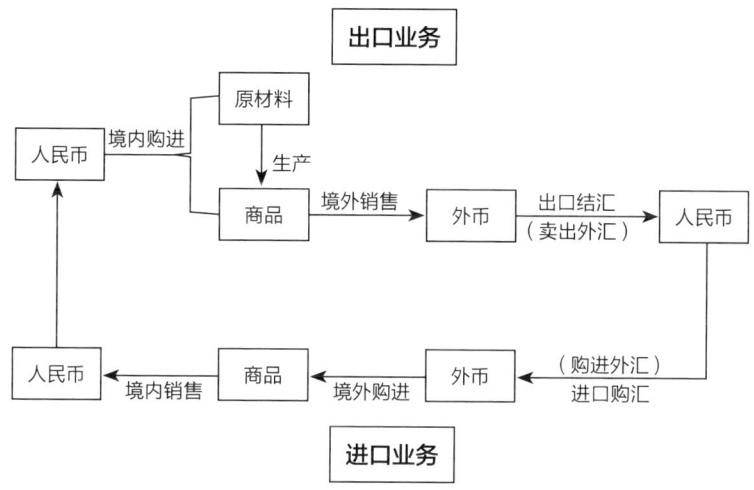

图1-6　进出口业务与资金运用情况

外贸企业会计的特点主要表现在两个方面：一是经营业务，二是核算。经营业务方面，外贸企业会计的特点表现为两个市场、多种货币；核算方面的特点表现为以下几点：

（1）复币核算：与外汇相关的账户要设计复币式的账簿格式，用来分别反映外币和人民币的金额增减变动情况。

（2）单独设置"汇兑损益"账户：该账户用来记录不同外币折算发生的价差以及汇率变动发生的折合为记账本位币的差额。

（3）双币种成本与盈利核算：不仅要进行进出口销售成本与盈利核算，还要计算出口每一外币成本和进口每一外币盈亏额。

（4）核算出口退税：外贸会计同时考量国际法规和国际惯例以及我国对外贸易政策与法规，核算出口退税额。

1.3.2 外贸会计的主要账户类型及常用核算科目

外贸会计的账户设置也应该与一般企业一样，以《企业会计准则》为依据，常规账户与一般企业一样，有资产类、负债类、损益类、成本类和所有者权益类等。

外贸会计的常用核算科目与一般企业的常规科目一样，如资产类的银行存款、库存现金、应收账款、预付账款、库存商品和固定资产等；负债类的短期借款、长期借款、应付账款、预收账款、应交税费、应付职工薪酬和应付利息等；损益类的主营业务收入、其他业务收入、主营业务成本和其他业务成本等；成本类的生产成本和制造费用等；所有者权益类的实收资本、资本公积、盈余公积和未分配利润等。

除此以外，外贸会计特有的、常用的一些核算科目与一般企业的不同主要表现在二级科目上，具体根据自身业务类型或者合同设置明细账。下面举例了解，见表1-7。

表1-7 外贸会计常用会计科目

账户类型	外贸会计常用科目
资产类	银行存款——外汇存款 应收账款——应收外汇账款 预付账款——预付外汇账款 库存商品——库存出口商品/库存进口商品/库存其他商品
负债类	短期借款——外汇借款 长期借款　　外汇借款 应付账款——应付外汇账款 预收账款——预收外汇账款 应交税费——应交增值税（出口退税）
损益类	主营业务收入——出口商品销售收入 主营业务收入——自营出口销售收入 主营业务收入——进口商品销售收入 主营业务成本——出口商品销售成本 主营业务成本——进口商品销售成本 出口销售收入与成本科目下还可以设置"自营""代理""易货贸易""补偿贸易"等二级科目；进口销售收入与成本科目下也可以设置"自营""代理""易货贸易""国家调拨"等二级科目

表 1-7 中列举的各会计科目的登记规则可以参考一般企业的常规科目的登记规则。比如，"应收账款——应收外汇账款"科目，借方反映应收而未收的外汇货款，贷方反映已经收回的外汇货款，期末余额在借方，反映尚未收回的外汇货款。

"库存商品——库存出口商品"科目核算企业全部自有库存出口商品，这类商品采取进价核算方法，即按出口商品的实际采购成本记账。该科目借方反映已经验收入库的商品进价，贷方反映企业出口商品结转的商品销售成本。

"预收账款——预收外汇账款"科目，借方反映出口业务实现时转销的预收货款，贷方反映预收客户的定金或部分货款，期末余额在贷方，反映尚未转销的预收货款。

"主营业务收入——出口商品销售收入"科目，贷方反映自营出口销售收入，借方反映支付的外币运费、保险费、佣金以及退货或者对外理赔时冲减的收入。

"主营业务成本——出口商品销售成本"科目，借方反映结转的销售成本和增值税退税差额，贷方反映用红字冲减的退货成本。

实际外贸业务中，外贸会计一定要严格区分出口业务与进口业务，否则在使用会计科目时会引起混乱，导致记账错误。

外贸会计的其他一些特殊核算科目将在后续章节介绍实际进出口业务核算时详细说明，这里不再一一列举。

1.4　关税的一些基础知识

关税是指一国海关根据该国法律规定，对通过其关境的进出口货物征收的一种税收。关税在各国一般属于国家最高行政单位指定税率的高级税种，对于对外贸易发达的国家而言，关税甚至是国家财政的主要收入。因此，外贸会计有必要懂得关税的基础知识。

1.4.1 简单了解关税的类型和不同税率

我国目前对进出境货物征收的关税分为进口关税和出口关税两类。而根据不同的计征方法进行划分,关税又分为表1-8中的几个类型。

表1-8 根据计征方法划分关税类型

类型	解释
从价关税	以进出口货物的价格作为标准征收关税
从量关税	依照进出口货物数量的计量单位(如吨、箱等)征收定量关税
混合关税	对进出口货物进行从价、从量的混合征税的关税
选择关税	对同一种货物在税则中规定有从量、从价两种关税税率,在征税时选择其中征税额较多的一种关税,也可选择税额较少的一种作为计税标准计征
滑动关税	关税税率随着进口商品价格由高到低而由低到高设置的关税,可以起到稳定进口商品价格的作用

实务中,还可以按照不同的税率划分关税的类型。下面直接通过关税税率的类型来看关税的类型,见表1-9。

表1-9 关税的税率类型

税率类型	适用范围
普通税率	适用于原产于未与我国共同适用最惠国条款的世界贸易组织成员,未与我国订有相互给予最惠国待遇、关税优惠条款贸易协定和特殊关税优惠条款贸易协定的国家或者地区的进口货物,以及原产地不明的货物
最惠国税率	适用于原产于与我国共同适用最惠国条款的世界贸易组织成员的进口货物,原产于与我国签订含有相互给予最惠国待遇的双边贸易协定的国家或者地区的进口货物,以及原产于我国的进口货物
协定税率	适用于原产于与我国签订含有关税优惠条款的区域性贸易协定的国家或者地区的进口货物
特惠税率	适用于原产于与我国签订含有特殊关税优惠条款的贸易协定的国家或者地区的进口货物
关税配额税率	指关税配额限度内的税率。关税配额是进口国限制进口货物数量的措施,把征收关税和进口配额相结合,以限制进口。对于在配额内进口的货物,可以适用较低的关税配额税率;对于配额之外的,则适用较高的关税配额税率

续上表

税率类型	适用范围
暂定税率	指在最惠国税率的基础上，对于一些国内需要降低进口关税的货物，以及出于国际双边关系的考虑需要个别安排的进口货物，可以实行暂定税率

表 1-9 中列示的均为进口税率，从内容可知，进口货物适用哪种关税税率，主要以进口货物的原产地为标准。

注意，适用于最惠国税率的进口货物有暂定税率的，应当适用暂定税率；适用协定税率、特惠税率的进口货物有暂定税率的，应当从低适用税率；适用普通税率的进口货物，不适用暂定税率。

进口关税一般采用比例税率，实行从价计征的办法，但对于啤酒、原油等少数货物则实行从量计征，对广播用录像机、放像机和摄像机等实行从价加从量的复合税率。

出口关税设置出口税率，对出口货物在一定期限内可以实行暂定税率。适用出口税率的出口货物有暂定税率的，应当适用暂定税率。

进出口货物应当适用海关接受该货物申报进口或者出口之日实施的税率。进口货物到达前，经海关核准先行申报的，应当适用装载该货物的运输工具申报进境之日实施的税率；转关运输货物税率的适用日期由海关总署另行规定。

1.4.2 掌握关税的核算方法

要想掌握关税的核算方法，财务人员需要了解计算关税税额的关键，即计税依据。我国对进出口货物主要采取从价计征的办法征税，计税依据就是进出口货物的完税价格。

下面区分进口货物和出口货物，介绍关税完税价格的确定以及应纳税额的计算。

1. 进口货物的关税

财务人员核算进口货物的关税时，还需要区分一般贸易项下进口的货物和特殊贸易项下进口货物。

（1）一般贸易项下进口的货物

这类货物以海关审定的成交价格为基础的到岸价格作为完税价格。

进口货物的完税价格＝进口货物的到岸价格

成交价格是指一般贸易项下进口货物的买方为了购买该项货物向卖方实际支付或者应当支付的价格。在货物成交过程中，成交价格的确定有以下几点注意事项：

①货物成交过程中，进口人在成交价格外另支付给卖方的佣金，应计入成交价格。

②进口人向境外采购代理人支付的买方佣金，不能计入成交价格，如果已经包括在成交价格中，应从成交价格中扣除。

③卖方付给进口人的正常回扣，也不计入成交价格，如果已经包括在成交价格中，应从成交价格中扣除。

④卖方违反合同规定延期交货的罚款，卖方在货价中冲减时，罚款不能从成交价格中扣除。

到岸价格是指包括货价以及货物运抵我国关境内输入地点起卸前的包装费、运费、保险费和其他劳务费等费用构成的一种价格，其中还应包括为了在境内生产、制造、使用或出版、发行而向境外支付的与该进口货物有关的专利、商标、著作权，以及专有技术、计算机软件和资料等费用。用计算公式表示如下：

到岸价格＝进口货物的成交价格＋货物运抵我国关境内输入地点起卸前的包装费、运费、保险费和其他劳务费等费用＋向境外支付的与该进口货物有关的专利、商标、著作权，以及专有技术、计算机软件和资料等费用

为了避免纳税人低报、瞒报价格偷逃关税，进口货物的到岸价格不能确定时，海关应本着公正、合理原则按照规定估定完税价格。

（2）特殊贸易项下进口货物

对于某些特殊、灵活的贸易方式（如寄售等）下进口的货物，在进口时没有"成交价格"作为依据，需根据《中华人民共和国进出口关税条例》

（以下简称《进出口关税条例》）对这些进口货物确定完税价格。具体内容见表 1-10。

表 1-10　特殊贸易项下进口货物的完税价格

情形	计算公式
运往境外加工的货物	出境时已向海关报明并在海关规定的期限内复运进境的： 完税价格＝境外加工费＋料件费＋复运进境的运输及其相关费用和保险费
运往境外修理的机械器具、运输工具或者其他货物	出境时已向海关报明并在海关规定的期限内复运进境的： 完税价格＝境外修理费＋料件费
以租赁方式进口的货物	完税价格＝海关审查确定的该货物的租金 纳税义务人要求一次性缴纳税款的，纳税义务人可以选择按照《进出口关税条例》第二十一条的规定估定完税价格，或者按照海关审查确定的租金总额作为完税价格
国内单位留购的进口货样、展览品和广告陈列品	完税价格＝留购价格 但是，对于留购货样、展览品和广告陈列品的买方，除按留购价格付款外，又直接或间接给卖方一定利益的，海关可以另行确定这些货物的完税价格
逾期未出境的暂进口货物	对于经海关批准暂时进口的施工机械、工程车辆、供安装使用的仪器和工具、电视或电影摄制机械以及盛装货物的容器等，如果入境超过半年仍留在国内使用的，应自第七个月起，按月征收进口关税： 完税价格＝原货进口时的到岸价格 每月关税＝货物原到岸价格×关税税率×1÷48
转让出售进口减免税货物	按照特定减免税办法批准予以减免税进口的货物，在转让或出售而需补税时： 完税价格＝原入境到岸价格×[1－实际使用月份÷（管理年限×12）] 管理年限是指海关对减免税进口的货物监督管理的年限

进口关税的应纳税额计算参照表 1-11 中的不同计征方法。

表 1-11　进口关税应纳税额的计征方法

计征方法	计算公式
从价计征	以进口货物的完税价格作为计税依据。 应纳税额＝应税进口货物数量×单位完税价格×适用税率
从量计征	以进口货物的数量为计税依据。 应纳税额＝应税进口货物数量×关税单位税额

续上表

计征方法	计算公式
复合计征	应纳税额＝应税进口货物数量×关税单位税额＋应税进口货物数量×单位完税价格×适用税率
滑准计征	实行滑准税率的进口货物的关税应纳税额的计算方法与从价计征方法相同，但此时货物价格越高，适用的税率越低

关税应纳税额的核算比较复杂，这里暂不介绍具体的核算案例，相关税额核算内容将在本书后面章节介绍。

2. 出口货物的关税

出口货物应当以海关审定的货物售予境外的离岸价格扣除出口关税后作为完税价格，相关计算公式如下：

$$出口货物完税价格 = 离岸价格 - 出口关税$$

$$出口关税 = 出口货物完税价格 \times 出口税率$$

由上述两个计算公式糅合，可以得出出口货物完税价格的另一个计算公式如下：

$$出口货物完税价格 = 离岸价格 \div (1 + 出口税率)$$

离岸价格应以该项货物运离关境前的最后一个口岸的离岸价格为实际离岸价格。

①如果该项货物从内地起运，则从内地口岸至最后出境口岸所支付的境内段运输费用应从离岸价格中扣除。

②离岸价格不包括装船以后发生的费用。

③出口货物在成交价格以外支付给境外客户的佣金，应从成交价格中扣除，即这类佣金不计入成交价格，但是，这类佣金没有单独列明的就不从成交价格中扣除。

④出口货物在成交价格以外，买方另行支付的货物包装费，应计入成交价格。

⑤当离岸价格不能确定时，完税价格由海关估定。

TIPS 进出口货物完税价格的审定

对于进出口货物的收发货人或其代理人向海关申报进出口货物的成交价格明显偏低，或者申报价格明显低于海关掌握的相同或类似货物的国际市场上公开成交货物的价格等，又不能提供合法证据和正当理由的，以及申报价格经海关调查认定买卖双方之间有特殊经济关系或对货物的使用、转让互相订有特殊条件或特殊安排而影响成交价格等其他特殊成交情况，海关认为需要估价的，需按照以下方法依次估定完税价格：

①相同货物成交价格法，即以从同一出口国家或者地区购进的相同货物的成交价格作为该被估货物完税价格的价格依据。

②类似货物成交价格法，即以从同一出口国家或者地区购进的类似货物的成交价格作为该被估货物完税价格的价格依据。

③国际市场价格法，即以进口货物的相同或类似货物在国际市场上公开的成交价格作为该被估货物完税价格的价格依据。

④国内市场价格倒扣法，即以进口货物的相同或类似货物在国内市场上的批发价格扣除合理的税、费、利润后的价格作为该被估货物完税价格的价格依据。

⑤合理方法估定，如果按照上述几种方法顺序估价仍不能确定其完税价格时，可由海关按照合理方法估定。

了解出口货物的完税价格后，出口关税的应纳税额计算方法也需要掌握。出口货物的关税应纳税额一般采用从价计征的方法计算，公式如下：

$$出口货物关税应纳税额 = 应税出口货物数量 \times 单位完税价格 \times 适用税率$$

1.4.3 熟悉关税的征收管理规定

根据《进出口关税条例》的规定，进出口货物关税的征收管理有如下内容：

1. 纳税申报时间

进口货物的纳税义务人应当自运输工具申报进境之日起14日内，向货物的进境地海关申报。进口货物到达前，纳税义务人经海关核准可以先行申报，具体办法由海关总署另行规定。

出口货物的纳税义务人除海关特准的外，应当在货物运抵海关监管区后、装货的24小时以前，向货物的出境地海关申报。

进出口货物转关运输的，按照海关总署的规定执行。

报关企业接受纳税义务人的委托，以报关企业的名义办理报关纳税手续的，报关企业与纳税义务人承担纳税的连带责任。

除不可抗力外，在保管海关监管货物期间，海关监管货物损毁或者灭失的，对海关监管货物负有保管义务的人应当承担相应的纳税责任。

2. 缴纳税款

纳税义务人应当自海关填发税款缴款书之日起15日内向指定银行缴纳税款。纳税义务人未按期缴纳税款的，从滞纳税款之日起，按日加收滞纳税款万分之五的滞纳金。

纳税人按照规定缴纳税款后，由海关制发缴款凭证。

纳税人因不可抗力或者在国家税收政策调整的情形下，不能按期缴纳税款的，经依法提供税款担保后，可以延期缴纳税款，但是最长不得超过6个月。

进出口货物的纳税义务人在规定的纳税期限内有明显的转移、藏匿其应税货物以及其他财产迹象的，海关可以责令纳税义务人提供担保；纳税义务人不能提供担保的，海关可以按照《中华人民共和国海关法》第六十一条的规定采取税收保全措施。

纳税义务人、担保人自缴纳税款期限届满之日起超过3个月仍未缴纳税款的，海关可以按照《中华人民共和国海关法》第六十条的规定采取强制措施。

欠税的纳税义务人，有合并、分立情形的，在合并、分立前，应当向海关报告，依法缴清税款。纳税义务人合并时未缴清税款的，由合并后的法人或者其他组织继续履行未履行的纳税义务；纳税义务人分立时未缴清税款的，分立后的法人或者其他组织对未履行的纳税义务承担连带责任。

纳税义务人在减免税货物、保税货物监管期间，有合并、分立或者其他资产重组情形的，应当向海关报告。按照规定需要缴税的，应当依法缴清税款；按照规定可以继续享受减免税、保税待遇的，应当到海关办理变更纳税义务人的手续。

纳税义务人欠税或者在减免税货物、保税货物监管期间，有撤销、解散、破产或者其他依法终止经营情形的，应当在清算前向海关报告。海关应当依法对纳税义务人的应缴税款予以清缴。

3. 申请退还关税

有下列情形之一的，纳税义务人自缴纳税款之日起一年内可以申请退还关税，并应以书面形式向海关说明理由，提供原缴款凭证及相关资料：

①已征进口关税的货物，因品质或规格原因，原状退货复运出境的。

②已征出口关税的货物，因品质或者规格原因，原状退货复运进境，并已重新缴纳因出口而退还的国内环节有关税收的。

③已征出口关税的货物，因故未装运出口，申报退关的。

海关应当自受理退税申请之日起 30 日内查实并通知纳税义务人办理退还手续。纳税义务人应当自收到通知之日起 3 个月内办理有关退税手续。

4. 少征、漏征和多征关税

进出口货物放行后，海关发现少征或者漏征税款的，应当自缴纳税款或者货物放行之日起一年内，向纳税义务人补征税款。但因纳税义务人违反规定造成少征或者漏征税款的，海关可以自缴纳税款或者货物放行之日起 3 年内追征税款，并从缴纳税款或者货物放行之日起按日加收少征或者漏征税款万分之五的滞纳金。

海关发现海关监管货物因纳税义务人违反规定造成少征或者漏征税款的，应当自纳税义务人应缴纳税款之日起 3 年内追征税款，并从应缴纳税款之日起按日加收少征或者漏征税款万分之五的滞纳金。

海关发现多征税款的，应当立即通知纳税义务人办理退还手续。

纳税义务人发现多缴税款的，自缴纳税款之日起一年内，可以以书面形式要求海关退还多缴的税款并加算银行同期活期存款利息；海关应当自受理退税申请之日起 30 日内查实并通知纳税义务人办理退还手续。纳税义务人应当自收到通知之日起 3 个月内办理有关退税手续。

报关企业接受纳税义务人的委托，以纳税义务人的名义办理报关纳税手续，因报关企业违反规定而造成海关少征、漏征税款的，报关企业对少征或者漏征的税款、滞纳金与纳税义务人承担纳税的连带责任。

> **TIPS** 进境物品进口税的征收规定
>
> 进境物品的关税以及进口环节海关代征税合并为进口税，由海关依法征收。
>
> ①海关总署规定数额以内的个人自用进境物品，免征进口税。
>
> ②超过海关总署规定数额但仍在合理数量以内的个人自用进境物品，由进境物品的纳税义务人在进境物品放行前按照规定缴纳进口税。超过合理、自用数量的进境物品应当按照进口货物依法办理相关手续。
>
> ③国务院关税税则委员会规定按货物征税的进境物品，按照《进出口关税条例》第二章至第四章的规定征收关税。
>
> 进境物品的纳税义务人是指携带物品进境的入境人员、进境邮递物品的收件人以及以其他方式进口物品的收件人。进境物品的纳税义务人可以自行办理纳税手续，也可以委托他人办理纳税手续。接受委托的人应当遵守《进出口关税条例》第五章对纳税义务人的各项规定。
>
> 进境物品适用海关填发税款缴款书之日实施的税率和完税价格。进口税的减征、免征、补征、追征、退还以及对暂准进境物品征收进口税参照《进出口关税条例》对货物征收进口关税的有关规定执行。

第2章

熟知外币业务与国际贸易结算

外币业务是指企业以记账本位币以外的其他货币进行款项收付、往来结算和计价的经济业务，主要包括外币交易和外币报表折算。国际贸易发生的货款结算是结清买卖双方之间的债权、债务关系的表现。无论是外币业务还是国际贸易结算，主营进出口业务的企业或多或少都会涉及，会计人员需要掌握外币业务和国际贸易结算的相关知识与办事手续。

2.1 外汇与外币业务基础知识详解

外汇是货币行政当局（中央银行、货币管理机构、外汇平准基金及财政部）以银行存款、财政部库券、长短期政府证券等形式保有的在国际收支逆差时可以使用的债权，包括外国货币、外币存款、外币有价证券及外币支付凭证等。外汇和外币业务都是外贸会计需要学习甚至掌握的内容。

2.1.1 国际上常用的货币介绍

我国货币符号为RMB，即人民币，国际上用作CNY。从狭义角度理解外币，就是除本国货币以外的其他国家或地区的货币，包括各种纸币和铸币。但广义角度理解的外币，还包括以外国货币表示的能用于国际结算的支付凭证。

为了能顺利完成外贸交易的结算工作，同时也为了切实做好账务处理，外贸会计有必要熟知常用的外币及其简写符号，见表2-1。

表2-1 常用的外币及其简写符号

外币名称	单位	货币代码	外币名称	单位	货币代码
俄罗斯卢布	卢布	RUB	澳大利亚元	元	AUD
美元	元	USD	韩元	韩元	KRW
英镑	英镑	GBP	缅元	元	MMK
马来西亚林吉特	令吉	MYR	新西兰元	元	NZD
欧元	欧元	EUR	新加坡元	元	SGD
日元	日元	JPY	加拿大元	元	CAD
印度卢比	卢比	INR	泰铢	泰铢	THB
丹麦克朗	克朗	DKK	瑞典克朗	克朗	SEK
瑞士法郎	法郎	CHF	挪威克朗	克朗	NOK
菲律宾比索	比索	PHP	—	—	—

外贸业务中，会计常常会遇到这些货币代码，只有知道其代表哪个地方的货币，才能知道对应的外汇牌价，从而进行准确的会计核算。

2.1.2 认识汇率标价法

汇率是一国货币与另一国货币兑换的比率，也可以理解为是用一种货币表示另一种货币的价格，所以也称汇价。

要确定两种不同货币之间的比价，先要确定用哪种货币作为标准。由于确定的标准不同，因此就产生了不同的外汇汇率标价方法，常见的有三种，即直接标价法、间接标价法和美元标价法。下面简单介绍这三种汇率标价法。

1. 直接标价法

直接标价法是以一定单位的外币作为标准，折算为本币表示汇率的方法。在直接标价法下，外币数额固定不变，汇率涨跌都以相应的本币数额的变化表示。一定单位外币折算的本币减少，说明外币汇率在下跌，即外币贬值，对应本币升值；反之，一定单位外币折算的本币增加，说明外币汇率在上升，即外币升值，对应本币贬值。下面举例说明。

实例讲解 直接标价法下汇率变动分析

2024年2月1日，银行间外汇市场人民币汇率中间价为USD1=CNY7.1049；2024年2月2日，人民币汇率中间价为USD1=CNY7.1006。已知该汇率牌价采用的是直接标价法。

分析可知，一单位美元折算的人民币从1日的7.1049元到2日的7.1006元，是在减少的，说明外币汇率在下跌，外币在贬值，而本币在升值，这里表现为人民币升值。进一步可以算出人民币升值了多少。

人民币升值 =（7.1049−7.1006）÷7.1049×100%=0.06%

而2024年1月31日，人民币汇率中间价为USD1=CNY7.1039，与2月1日的7.1049相比，是在增加的，说明外币汇率在上升，外币在升值，而本币在贬值，即人民币贬值。进一步可以算出人民币贬值了多少。

人民币贬值=（7.104 9-7.103 9）÷7.103 9×100%=0.01%

以2月2日人民币汇率中间价为基础，预估2月3日人民币会升值5%，那么2月3日美元折算为人民币的汇率是多少呢？

USD1=CNY7.100 6×（1-5%）=CNY6.745 6

如果预估2月3日人民币会贬值5%，那么2月3日美元折算为人民币的汇率又是多少呢？

USD1=CNY7.100 6×（1+5%）=CNY7.455 6

2. 间接标价法

间接标价法是以一定单位的本币为标准，折算为一定数额的外币表示汇率的方法。在间接标价法下，本币数额固定不变，汇率涨跌都以相应的外币数额的变化表示。一定单位本币折算的外币增加，说明本币汇率在上涨，即本币升值，对应外币贬值；反之，一定单位本币折算的外币减少，说明本币汇率在下跌，即本币贬值，对应外币升值。下面也举例说明。

实例讲解 间接标价法下汇率变动分析

以上一个案例的汇率为例，这里用间接标价法表示，换算出2024年1月31日、2月1日和2月2日的汇率依次为：CNY1=USD0.140 77、CNY1=USD0.140 75、CNY1=USD0.140 83。

分析可知，1月31日到2月1日，一单位本币（即人民币）折算的美元从0.140 77美元下降到0.140 75美元，说明本币汇率在下降，本币贬值，外币升值。2月1日到2月2日，一单位本币（即人民币）折算的美元从0.140 75美元上升到0.140 83美元，说明本币汇率在上涨，本币升值，外币贬值。很显然，这与上一个案例得出的结论是一致的。

此时依然预估2月3日人民币会升值5%，那么2月3日人民币折算为美元的汇率怎么表示呢？

CNY1=USD0.140 83×（1+5%）=USD0.147 87

如果预估2月3日人民币会贬值5%，那么2月3日人民币折算为美元的汇率怎么表示呢？

CNY1=USD0.140 83×（1-5%）=USD0.133 79

3. 美元标价法

美元标价法又称纽约标价法，是指在纽约国际金融市场上，除了对英镑用直接标价法外，对其他外国货币用间接标价法的标价方法。

美元标价法目前是国际金融市场上通行的标价法。

说了这么多，会计人员究竟采用哪种牌价记账呢？现汇买入价、现汇卖出价、现钞买入价和现钞卖出价均不能用来记账。会计人员应根据中国人民银行或国家外汇管理局官网公布的当日汇率中间价记账。下面简单介绍通过中国人民银行官网查询当日汇率的操作。

进入中国人民银行官网首页，在页面上方单击"货币政策"超链接，如图2-1所示。

图2-1 进入中国人民银行官网首页单击"货币政策"超链接

在跳转的页面中找到"人民币汇率"栏目，单击"人民币汇率中间价公告"超链接，如图2-2所示。

图2-2 单击"人民币汇率中间价公告"超链接

在打开的页面中显示了每日人民币汇率中间价公告，单击对应日期的人民币汇率中间价公告超链接，如图2-3所示。

图2-3　单击具体日期的人民币汇率中间价公告超链接

在打开的页面中即可查看到所选日期人民币对其他货币的汇率中间价，如图2-4所示。

图2-4　查看具体的人民币对其他货币的汇率中间价

当然，也可以进入国家外汇管理局官网查询，只需在进入官网首页后将鼠标光标移动到页面左侧的"统计数据"选项卡处，右侧会弹出"统计数据列表"菜单，在其中找到并选择"人民币汇率中间价"选项，即可在跳转的页面中查看到不同日期的人民币汇率中间价，如图2-5所示。

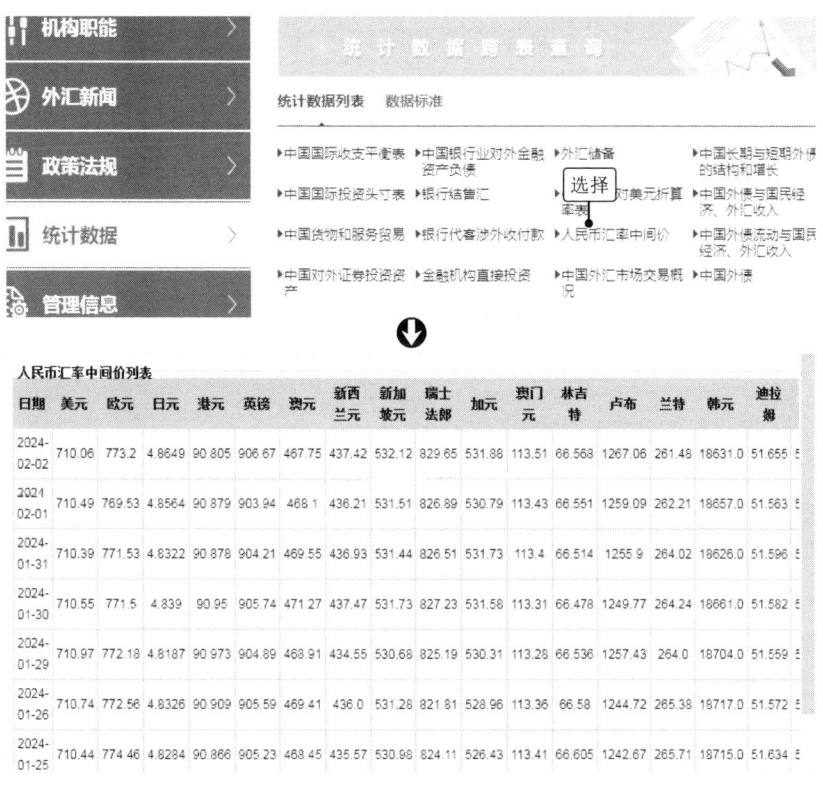

图 2-5 进入国家外汇管理局官网查询人民币汇率中间价

TIPS 不得不知的记账本位币

我国会计法有相关规定，会计核算以人民币为记账本位币。业务收支以人民币以外的货币为主的单位，可以选定其中一种货币作为记账本位币，但是编制的财务会计报告应当折算为人民币。

记账本位币是指日常登记账簿时用来表示计量的货币，一般情况下，企业采用的记账本位币都是企业所在国使用的货币。记账本位币是与外币相对而言的，凡是记账本位币以外的货币都是外币。

2.1.3 结售汇、收汇和付汇分不清

结售汇是结汇与售汇的统称，结汇是指将收到的外汇结算为本国货币；售汇又称购汇，是用本国货币购买外币，购汇之后进行付汇。下面从概念

角度认识结售汇、收汇和付汇。

1. 结售汇

结售汇包含结汇和售汇两层含义。

结汇指外贸企业或个人按照当前汇率，将买进外汇和卖出外汇进行结算的行为。

比如，外贸企业或个人开展进口业务，需要向境外支付货款，也就是要向境外支付外币，此时企业或个人需要按照国家公布的当前外汇牌价，用本国货币向经营外汇业务的银行购买外币汇往境外。又或者开展出口业务，会收到外币，此时企业或个人需要按照国家公布的当前外汇牌价，将收到的外币卖给经营外汇业务的银行，以获取本国货币。无论是哪种情况，在外贸活动中均称为结汇，简单表示如图 2-6 所示。

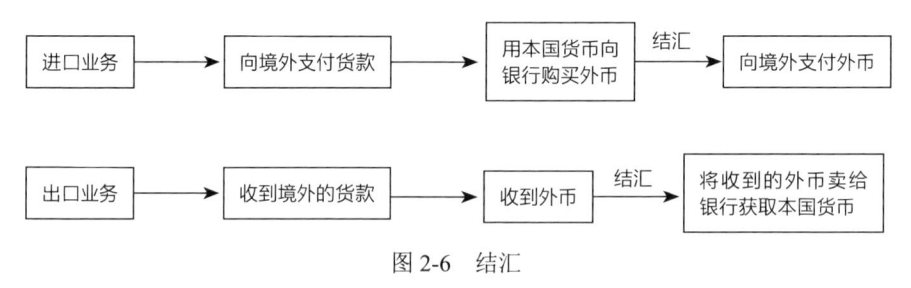

```
进口业务 → 向境外支付货款 → 用本国货币向银行购买外币 —结汇→ 向境外支付外币

出口业务 → 收到境外的货款 → 收到外币 —结汇→ 将收到的外币卖给银行获取本国货币
```

图 2-6　结汇

售汇指企业或个人因对外支付需要用外汇，可按照《中华人民共和国外汇管理条例》（以下简称《外汇管理条例》）的规定，持有相关证件和文件资料，用人民币到经营外汇业务的银行购买所需的外汇。因此，从用汇单位和个人的角度看，售汇又称购汇，简单表示如图 2-7 所示。

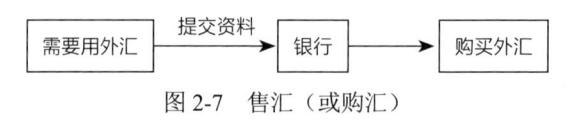

```
需要用外汇 —提交资料→ 银行 → 购买外汇
```

图 2-7　售汇（或购汇）

对比可知，结汇通常发生于外贸企业经营的进出口业务中，而售汇只要是企业或个人有对外支付外汇的需求，就会发生。在进口业务中，外贸企业或个人需要向境外支付货款时，用本国货币向银行购买外币的行为也是一种售汇（或购汇）的表现。

2. 收汇

收汇指外贸企业或个人因出口货物或提供服务而产生应收账款,从境外汇入的外币到境内指定收汇银行的外币账户上的过程。简单表示如图 2-8 所示。

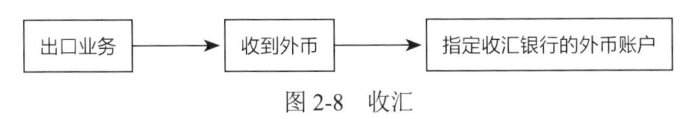

出口业务 → 收到外币 → 指定收汇银行的外币账户

图 2-8 收汇

由此可见,外贸的收汇是因出口货物或提供劳务等产生的收入外汇款项,相当于"收款"。所以,收汇不包括将外币转换为本国货币的过程。行业内有些人还会说"谁出口谁收汇"。

3. 付汇

付汇指经批准经营外汇业务的金融机构,根据有关售汇及付汇的管理规定,审核用汇单位和个人按规定提供的有效凭证和商业单据后,从用汇单位或个人账户中或将其购买的外汇向境外支付的行为,相当于"付款"。

由此可见,付汇也不包括将本国货币转换为外币的过程。行业内有些人会说"谁进口谁付汇"。

2.1.4 外币账户主要有哪些

外币账户是指记录外币的特定账户,根据划分依据的不同,外币账户有以下类型:

1. 根据外币外形特征划分

根据外币外形特征划分外币账户,包括现金账户和存款账户。

现金账户也叫现钞账户,是指以单位持有的外币现钞开立的外币储蓄账户。该账户只能存入或支取外币现钞,如果汇往境外,必须按照国家外汇管理政策办理,并由银行收取汇钞差价。

现钞账户不得存入现汇存款,也不得将该账户的资金划往现汇账户。

存款账户可简单理解为现汇账户,主要用来存放各种汇入或转入的现汇款项。

如果外贸企业交纳外币现钞到其单位的现汇账户，需经过现钞折现汇的计算；如果单位从其现汇账户上提取现钞，要经过现汇折现钞的计算。

2. 根据外币业务的科目划分

外币账户还可以根据外贸企业实际发生外币业务的科目设置，主要包括外币货币资金、外币债权和外币债务三大类。

外币货币资金账户主要是指外币现金、外币银行存款的收付账户。

外币债权账户主要指外币性应收账款、外币性应收票据和外币性长期投资等账户。

外币债务账户主要指外币性应付账款、外币性应付票据、外币性应付职工薪酬和外币性应付股利等账户。

除此以外，外币账户还会根据外币借款的取得及偿还业务、汇兑损益的确认和处理业务等设置对应的账户。

企业开展外币业务进行会计处理，应单独设置各项外币账户。而外币业务采用复币记账法，即对每一笔外币业务，按照美元、英镑等不同国家的货币分别记录，其价额要按结账日的外汇行市换算为本国货币，外币金额应另加附注，或在有关科目内注明。另外，还需注明外币折合本国货币的换算基准。

这里又需要明确外币交易的记账方法，即外币统账制和外币分账制，简单介绍如图 2-9 所示。

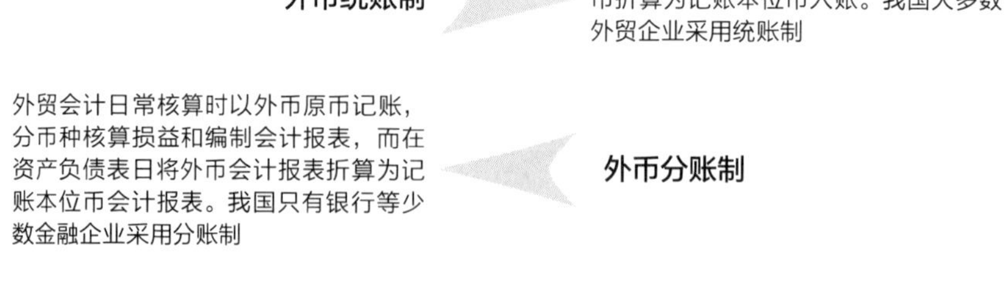

外币统账制：在发生外币业务时，会计人员立即将外币折算为记账本位币入账。我国大多数外贸企业采用统账制

外币分账制：外贸会计日常核算时以外币原币记账，分币种核算损益和编制会计报表，而在资产负债表日将外币会计报表折算为记账本位币会计报表。我国只有银行等少数金融企业采用分账制

图 2-9 外币交易的记账方法

TIPS 什么是非外币账户

非外币账户是指与外币业务有关，但不按照外币进行计价和结算，只按照记账本位币记账的账户，如发生进口业务的"库存商品""固定资产"等账户，以及发生出口业务的"自营出口销售收入"等账户。实际工作中，外贸企业的大量账户都属于非外币账户。

2.1.5 严格遵守外币业务核算的原则

外币业务主要有两个方面：一是外币交易，二是外币报表折算。

外币交易可简单理解为以外币计价或结算的交易，包括买入或卖出以外币计价的商品或劳务、借入或借出外币资金等。外币报表折算是指为了特定目的将以某一货币表示的财务报表按要求换用为另一种货币表述。

根据外币业务核算的不同阶段，结合业务特点，归纳出外币业务核算不同情形下的原则。

1. 企业发生外币现金、存款和外币债权债务等业务时

如果是因为业务收到外币，则应将有关外币金额折合为人民币记账，同时在账户上登记原币金额和记账汇率。如果这里还涉及将外币兑换为人民币，则适用于企业向银行结汇的情形。

如果是因为业务需要对外支付外币，则企业需要向银行购汇，一方面按实际支付的人民币金额，记银行存款的减少数；另一方面要按照市场汇价折合的人民币金额，记减少的应付账款等。

企业用兑换的外币向外国企业支付货款的操作又称结汇，也适用于企业向银行结汇的情形。

2. 企业向银行结汇时

一方面按照银行兑付给企业的人民币金额，记银行存款增加数；另一方面按照市场汇价计算的人民币金额，记应收账款的减少数，两者的差额作为汇兑损益。

3. 在资产负债表日

企业应按照规定对外币货币性项目和外币非货币性项目进行处理，大致如图 2-10 所示。

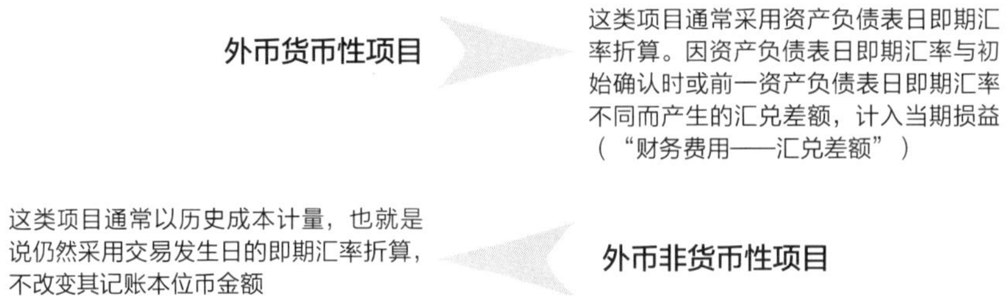

外币货币性项目 → 这类项目通常采用资产负债表日即期汇率折算。因资产负债表日即期汇率与初始确认时或前一资产负债表日即期汇率不同而产生的汇兑差额，计入当期损益（"财务费用——汇兑差额"）

这类项目通常以历史成本计量，也就是说仍然采用交易发生日的即期汇率折算，不改变其记账本位币金额 → 外币非货币性项目

图 2-10　资产负债表日的外币业务核算处理

2.1.6　外汇收入、支出和借款的处理

外汇收入、支出和借款的处理，是从大方向上介绍外币业务的核算。

1. 外汇收入的核算

根据《外汇管理条例》规定，经营项目的外汇收入，可以按照国家有关规定保留或者卖给经营结汇、售汇业务的金融机构。

当外贸企业收到外汇收入并将其存入外汇账户后，可以作出结汇或不结汇的决定。如果直接保留现汇，即不结汇，应按照银行结汇水单记录的外币金额进行账务处理。

下面来看一个具体的实例。

实例讲解　出口女装直接保留现汇的相关业务核算

2024 年 2 月 2 日，某公司向英国一家公司出口一批女装，货款共计 10 万英镑，货款尚未收到。根据当天外汇管理局公布的人民币对英镑的汇率为 GBP1=CNY9.066 7。2 月 9 日，公司将这笔货款收妥，且直接保留现汇，已知当天人民币对英镑的汇率为 GBP1=CNY9.001 7。相关账务处理如下：

① 2 月 2 日发出商品，开出发票，如图 2-11 所示。

第 2 章 熟知外币业务与国际贸易结算

××进出口公司 ×× IMPORTS AND EXPORTS CO., LTD 出口商业发票 COMMERCIAL INVOICE				
ISSUER ×× IMPORTS AND EXPORTS Co., LTD NO.× ×× ROAD, ×× District, CHINA TEL:×××× FAX:××××		No.×××××		Date: February, 2,2024
TO:×× Co., LTD P.O.BOX ×××, No.××, ×× wall street, London, The united Kingdom		信用证号L/C No.		2024××Z××
		发票号码 INVOICE No.		2024××D××
Marks and Numbers	Description	Quantity	Unit Price(FOB)	Amount
××	MADE IN CHINA WOMEN'S CLOTHING	PCS200	GBP500.00	GBP100 000.00
	Freight Charge			GBP0.00
	TOTAL			GBP100 000.00
TOTAL AMOUNT: SAY GREAT BRITAIN POUND ONE HUNDRED THOUSAND ONLY.				

图 2-11 出口商业发票

相关会计分录如下：

借：应收账款——××公司货款——外币户　　　　906 670.00

　　贷：主营业务收入　　　　　　　　　　　　　　906 670.00

上述会计分录中 906 670.00=100 000.00×9.066 7。根据相关原始凭证在财务软件中填制记账凭证，如图 2-12 所示。

图 2-12 填制记账凭证

② 2 月 9 日，根据银行转来的单据确认如下会计分录：

银行收取货款 =100 000.00×9.001 7=900 170.00（元）

借：银行存款——外币户　　　　　　　　　　　　900 170.00

　　财务费用——汇兑损益　　　　　　　　　　　　6 500.00

贷：应收账款——××公司货款——外币户　　906 670.00

根据相关原始凭证在财务软件中填制记账凭证，如图2-13所示。

摘要	总账科目	明细科目	汇率单价	原币金额数量	借方金额	贷方金额	记账
收到英国××公司女装货款906 670.00元	银行存款	外币户	9.0017	100 000.00	900 170 00		√
	财务费用	汇兑损益			6 500 00		
	应收账款	××公司货款				906 670 00	
合计					¥906 670 00	¥906 670 00	

图2-13　银行收到货款的凭证填制

2. 外汇支出的核算

根据《外汇管理条例》的规定，经常项目的外汇支出，应当按照国务院外汇管理部门关于付汇与购汇的管理规定，凭有效单证以自有外汇支付或者向经营结汇、售汇业务的金融机构购汇支付。

一名合格的外贸会计，还需要了解哪些外汇支出项目需要经过外汇管理部门审核后才能对外支出，这里不作详解，有需要的可以进入外汇管理局或相关网站官网查询。

下面来看一个简单的外汇支出核算处理案例。

实例讲解　企业对外付汇的相关业务核算

2024年2月19日，某进出口公司因购进业务发生应付款项，会计人员用现汇15.00万美元对外付汇，支付当日的银行市场汇价为USD1=CNY7.103 2，原应付外汇账款入账时的记账汇率为USD1=CNY7.103 6。

根据银行提供的相关凭证，编制如下会计分录：

对外付汇，银行存款减少数=150 000.00×7.103 2=1 065 480.00（元）

原应付外汇账款入账金额=150 000.00×7.103 6=1 065 540.00（元）

借：应付账款——××公司货款　　　　　1 065 540.00

　　贷：银行存款——美元户　　　　　　1 065 480.00

财务费用——汇兑损益　　　　　　　　　　60.00

此时填制的记账凭证如图 2-14 所示。

摘要	总账科目	明细科目	汇率单价	原币金额数量	借方金额	贷方金额
对外付汇150 000.00美元	应付账款	××公司货款	7.1036	150 000.00	1 065 540 00	
	银行存款	美元户				1 065 480 00
	财务费用	汇兑损益				60 00
合计					¥1 065 540 00	¥1 065 540 00

记账凭证　2024年 2 月 19 日　记字第 × 号

图 2-14　用现汇对外付汇的凭证填制

3. 外汇借款的核算

外汇借款可以简单理解为涉外企业向有外汇经营权的银行或金融机构申请取得的外汇借款，从银行角度称之为贷款。企业可以从银行取得的外汇借款有现汇借款、银团借款、短期外汇借款和特种外汇借款等。

实际的外汇借款业务中大部分是现汇借款，从银行的角度即现汇贷款，它是指外汇银行根据与借款单位签订的借款合同，凭借借款单位或其委托办理进口物资的外贸公司的通知，在批准的购货清单和贷款额度内，用现汇对外支付贷款。

要想切实处理好外汇借款业务，会计人员需要了解外汇借款相对于人民币借款来说具有的特点，内容如下：

①外汇借款必须用外汇偿还，并用外汇支付借款利息。

②外汇借款以美元作为借贷核算货币。如果采用其他货币，需要按当日外汇牌价折合成美元入账。特殊情况经银行批准也可以用其他货币作为借贷核算货币。但是借款方原则上"借什么货币还什么货币"，并用相应货币支付利息。

③外汇借款实行浮动利率和支付承担费的办法。银行短期外汇贷款按浮动利率计收利息。

④企业按借款计划申请的外汇贷款未使用的，银行要收取一定的费用作为承担费，以弥补临时调度外汇的损失。

注意，外汇借款企业要获得外汇借款，必须具备表2-2中的条件。

表2-2 外汇借款企业获得外汇借款必须具备的条件

具备条件	说明
借款人是法人	借款人需经市场监督管理行政部门依法登记注册、有营业执照，具有法人资格。银行不向个体工商户发放外汇贷款
国内配套要落实	利用外汇贷款进口国外设备的项目，必须先落实国内的配套措施，如厂房、有关辅助设备、原材料等
必须经过批准且纳入计划	外贸企业的借款项目必须经过批准且纳入计划
还款确有保证	外汇借款必须以外汇偿还，所以借款单位必须有可靠的外汇来源和按期还本付息的能力，并提出有根据的还款计划
使用借款的项目的经济效益必须良好	借款项目符合花钱少、收益大、创汇高和还款快这四项要求

下面分别从短期外汇借款和长期外汇借款的角度出发，看看实际工作中该如何核算。

（1）短期外汇借款的核算

外贸企业从银行借入的偿还期在一年以内或一个营业周期内的外汇借款，称为短期外汇借款。

注意，短期外汇借款的利息需按照借入款项当日的汇率折算。

下面来看一个简单的实例。

实例讲解 公司借入短期外汇借款的账务核算

某进出口公司根据与银行签订的借款合同向外汇银行借入10.00万美元，为期3个月，借款利率为5%，用以支付采购价款。已知当日汇率为USD1=CNY7.106 8，相关账务处理如下：

①借入外汇借款时，短期借款和银行存款同时增加，入账金额=100 000.00×7.106 8=710 680.00（元），会计分录如下：

```
借：银行存款——美元户                710 680.00
    贷：短期借款——美元户             710 680.00
```

会计人员需要及时填制记账凭证。

② 3个月后短期借款到期，偿还借款时需要按照偿还日的汇率确认银行存款的减少数，已知当日汇率为USD1=CNY7.106 2，相关计算和会计分录如下：

利息 =100 000.00×5%÷12×3=1 250.00（美元）

折算为人民币 =1 250.00×7.106 8=8 883.50（元）

本息和 =100 000.00+1 250.00=101 250.00（美元）

银行存款减少数 =101 250.00×7.106 2=719 502.75（元）

```
借：短期借款——美元户                710 680.00
    财务费用——利息支出                 8 883.50
    贷：银行存款——美元户             719 502.75
        财务费用——汇兑损益                60.75
```

上述会计分录中，借方总金额为719 563.50元（710 680.00+8 883.50），而贷方"银行存款——美元户"科目的金额为719 502.75元，借贷不平衡。要保证借贷平衡，贷方还差60.75元，根据业务特点，确认此处为汇兑产生收益，用"财务费用——汇兑损益"科目核算。

（2）长期外汇借款的核算

外贸企业向银行或其他金融机构借入的偿还期限在一年以上的各种外币借款，即长期外汇借款。注意，长期外汇借款的利息支出与外币折算差额应区别不同对象和发生时间进行列支。

与短期外汇借款一样，长期外汇借款也应按照借款单位、借款种类和不同的币种设置明细账户，进行明细核算。

在核算长期外汇借款的利息时，需要根据变动的汇率进行折算。下面来看一个简单的实例。

实例讲解 公司借入长期外汇借款的账务核算

某进出口公司按照贷款协议的约定，于2021年2月19日从外汇银行借

入三年期借款20.00万美元,年利率为8%,每年计算一次复利,到期一次还本付息,相关计算与账务处理如下:

①借入长期外汇借款时,汇率为USD1=CNY6.462 4。

银行存款增加额和长期借款增加额均为人民币1 292 480.00元(200 000.00×6.462 4)。

借:银行存款——美元户　　　　　　　　　　1 292 480.00
　　贷:长期借款——美元户　　　　　　　　　　　1 292 480.00

②第一年末时,汇率为USD1=CNY6.334 3。

按照年末时的汇率折算借款利息,人民币金额为101 348.80元(200 000.00×8%×6.334 3)。

借:财务费用——利息支出　　　　　　　　　　101 348.80
　　贷:长期借款——利息——美元户　　　　　　　101 348.80

③第一年末时调整长期外汇借款的账面余额。

人民币账面余额=1 292 480.00+101 348.80=1 393 828.80(元)

按照年末汇率调整后的长期外汇借款余额=200 000.00×(1+8%)×6.334 3=1 368 208.80(元)

两者差额=1 368 208.80-1 393 828.80=-25 620.00(元)

由此可见,该笔借款发生了汇兑损失25 620.00元。

借:财务费用——汇兑损益　　　　　　　　　　25 620.00
　　贷:长期借款——美元户　　　　　　　　　　　25 620.00

④第二年末计付利息时,汇率为USD1=CNY6.865 9。

应付利息=200 000.00×(1+8%)×8%=17 280.00(美元)

折算为人民币=17 280.00×6.865 9=118 642.75(元)

借:财务费用——利息支出　　　　　　　　　　118 642.75
　　贷:长期借款——利息——美元户　　　　　　　118 642.75

⑤第二年末时调整长期外汇借款的账面余额。

人民币账面余额=1 368 208.80+118 642.75=1 486 851.55(元)

按照年末汇率调整后的长期外汇借款余额=200 000.00×(1+8%)+17 280.00=

233 280.00（美元）

折合为人民币 =233 280.00×6.865 9=1 601 677.15（元）

两者差额 =1 601 677.15-1 486 851.55=114 825.60（元）

由此可见，该笔借款发生了汇兑收益 114 825.60 元。

借：长期借款——美元户　　　　　　　　　　　114 825.60

　　贷：财务费用——汇兑损益　　　　　　　　　　　114 825.60

⑥第三年末计付利息时，汇率为 USD1=CNY7.103 2。

应付利息 =233 280.00×8%=18 662.40（美元）

折算为人民币 =18 662.40×7.103 2=132 562.76（元）

借：财务费用——利息支出　　　　　　　　　　　132 562.76

　　贷：长期借款——利息——美元户　　　　　　　132 562.76

⑦第三年末时调整长期外汇借款的账面余额。

人民币账面余额 =1 601 677.15+132 562.76=1 734 239.91（元）

按照年末汇率调整后的长期外汇借款余额 =200 000.00×（1+8%）+17 280.00+18 662.40=251 942.40（美元）

折合为人民币 =251 942.40×7.103 2=1 789 597.26（元）

两者差额 =1 789 597.26-1 734 239.91=55 357.35（元）

由此可见，该笔借款发生了汇兑收益 55 357.35 元。

借：长期借款——美元户　　　　　　　　　　　55 357.35

　　贷：财务费用——汇兑损益　　　　　　　　　　　55 357.35

⑧长期借款期满归还时，现汇买入价为 USD1=CNY7.186 5。

本息和 =200 000.00+16 000.00+17 280.00+18 662.40=251 942.40（美元）

按照归还时的现汇买入价核算银行存款的减少数，即 1 810 584.06 元（251 942.40×7.186 5）。

借：长期借款——美元户　　　　　　　　　　　1 789 597.26

　　财务费用——汇兑损益　　　　　　　　　　20 986.80

　　贷：银行存款——美元户　　　　　　　　　　　1 810 584.06

在第三年末按照年末汇率调整后的长期外汇借款余额与本息和（按照现

汇买入价折算的人民币）之间相差了 20 986.80 元，且买入外汇需要付出更多人民币，因此表现为汇兑损失，需通过"财务费用——汇兑损益"科目核算，方向为借方。

不难看出，外贸企业向银行或其他金融机构借入长期外汇借款时，账务处理比较复杂，会计人员需要谨慎且仔细处理。

2.2　外币业务中汇兑损益的处理

汇兑损益也称汇兑差额，是汇率浮动产生的结果。它指企业在发生外币交易、兑换业务、期末账户调整以及外币报表换算时，由于外币汇率变动产生的、按记账本位币折算的差额。

汇兑损益可简单理解为，在各种外币业务的会计处理过程中因采用不同的汇率而产生的会计记账本位币金额的差异。

汇兑损益产生的原因大致分为外币交易、外币兑换以及期末调整这三种。在学习汇兑损益的处理之前，会计人员需牢记如下所示的处理原则：

①企业因采购、销售商品或提供劳务等业务发生的汇兑损益，计入当期损益。

②为购建固定资产发生的汇兑损益，在固定资产达到预定可使用状态前发生的计入购建成本；达到可使用状态后发生的计入当期损益。

③为购入无形资产发生的汇兑损益，全部计入无形资产成本。

④收回对外投资时发生的汇兑损益，计入当期损益。

⑤企业支付投资者利润发生的汇兑损益，计入当期损益。

2.2.1　熟练处理外币兑换业务

外币兑换业务是指企业从银行或其他金融机构购入或向银行等金融机构售出外币。企业与银行等金融机构发生外币兑换业务，一般会发生汇兑损益，主要通过"财务费用"科目核算。

1. 企业向银行等金融机构售出外币

企业卖出外币时应将实际收取的记账本位币（按外币买入价折算）登记入账，同时将收取的记账本位币金额与付出的外币（按当日即期汇率折算为记账本位币）之间的差额确认为汇兑损益。相关会计分录如下：

借：银行存款——人民币户（外币金额×银行买入价）

　　财务费用——汇兑损益（或借或贷）

　贷：银行存款——外币户（外币金额×即期汇率）

下面来看一个实例。

实例讲解 企业卖出外币涉及的汇兑损益核算

某公司在 2024 年 2 月的某天将 10.00 万美元兑换为人民币，银行当时的美元买入价为 USD1=CNY7.186 5，当日的即期汇率为 USD1=CNY7.103 2。

公司向银行售出美元，一方面应在银行存款美元账户中记录美元的减少，同时按照当日的即期汇率将售出的美元折算为人民币；另一方面应按实际收到的人民币金额，在银行存款人民币账户记录人民币的增加。两者之间的差额确认汇兑损益，计入当期财务费用。相关会计分录如下：

借：银行存款——人民币户　　　　　　　718 650.00

　贷：银行存款——美元户　　　　　　　710 320.00

　　　财务费用——汇兑损益　　　　　　　 8 330.00

上述会计分录中，公司实际收取的记账本位币按照外币买入价折算，即 718 650.00 元（100 000.00×7.186 5）；而公司美元户里美元的减少按照付出外币当日的即期汇率折算，即 710 320.00 元（100 000.00×7.103 2）。两者之间的差额确认汇兑损益，这里确认为汇兑收益，应冲减财务费用，记贷方。

2. 企业从银行等金融机构购入外币

企业买入外币时应按照外币卖出价折算，登记应向银行支付的记账本位币金额，同时按照当日的即期汇率将买入的外币折算为记账本位币并登记入账。实际付出的记账本位币金额与收取的外币（按照当日市场汇率折算为记账本位币）之间的差额确认为汇兑损益。相关会计分录如下：

借：银行存款——外币户（外币金额 × 即期汇率）

财务费用——汇兑损益（或借或贷）

贷：银行存款——人民币户（外币金额 × 银行卖出价）

下面来看一个具体的实例。

实例讲解 企业购入外币涉及的汇兑损益核算

某公司在 2024 年 2 月因业务需要对外支付外币，于是从银行购入 10.00 万美元，银行当时的美元卖出价为 USD1=CNY7.215 1，当天的即期汇率为 USD1=7.103 2。

公司从银行购入美元，一方面应在银行存款美元账户中记录美元的增加，同时按照当日的即期汇率将购入的美元折算为人民币；另一方面应按实际支付的人民币金额，在银行存款人民币账户中记录人民币的减少。两者之间的差额确认汇兑损益，计入当期财务费用。相关会计分录如下：

借：银行存款——美元户　　　　　　　　　710 320.00

　　财务费用——汇兑损益　　　　　　　　 11 190.00

贷：银行存款——人民币户　　　　　　　　721 510.00

上述会计分录中，公司实际收到的美元按照购入外币当日的即期汇率折算为人民币入账，即 710 320.00 元（100 000.00×7.103 2）；而公司实际支付的记账本位币金额按照银行卖出价折算，即 721 510.00 元（100 000.00×7.215 1）。两者之间的差额确认汇兑损益，这里确认为汇兑损失，计入财务费用，记借方。

外币兑换业务一定要区分哪个账户中的金额用现汇买入价或卖出价折算，哪个账户用即期汇率折算。

2.2.2　处理汇兑损益的结转

外贸企业的外币业务涉及的汇兑损益结转工作也是比较重要的，主要方法有逐笔结转法和集中结转法。会计人员需要根据公司账务处理原则和相关财务管理规定选取合适的方法进行汇兑损益结转处理。

1. 逐笔结转法

汇兑损益的逐笔结转法，是指企业每结汇一次，就计算并结转汇兑损益。采用该方法结转汇兑损益，能够反映每一笔结汇业务发生的汇兑损益和期末因汇率变动而发生的汇兑损益。但是，这种方法会导致核算工作量偏大，因此适用于外币业务不多但每笔业务的交易金额较大的外贸企业。

采用逐笔结转法处理汇兑损益时，企业平时发生的外币业务通常按照业务发生当日的市场汇率中间价或买入价、卖出价折算，如果与原账面汇率不同，则立即计算并结转该笔业务的汇兑损益。

期末，再将所有外币账户的期末原记账本位币金额按照当日公布的市场汇率中间价折算的金额作为该外币账户的记账本位币金额，该金额与外币账户原记账本位币之间的差额作为汇兑损益，予以转销。

本章前述案例几乎都是逐笔结转法结转的汇兑损益，这里不再单独举例说明。

2. 集中结转法

汇兑损益的集中结转法，是指企业平时结汇时按照当日的市场汇率核销相关外币账户，将汇兑损益集中在期末结转的方法。

采用这种方法结转汇兑损益时，企业平时结汇时要根据具体情况按照当日市场汇率的中间价或买入价、卖出价核销相关外币账户，但不计算结转汇兑损益。期末，再将所有外币账户的期末原记账本位币金额按照当日公布的市场汇率中间价计算的金额作为该外币账户的记账本位币金额，该金额与外币账户原记账本位币之间的差额作为汇兑损益，予以一次性集中转销。

为了更好地理解集中结转法处理汇兑损益，可以参考以下计算公式：

外币账户期末余额 = 期初外币余额 + 本期增加的外币发生额 − 本期减少的外币发生额

调整后的记账本位币金额 = 外币账户期末余额 × 期末即期汇率

期末汇兑损益 = 调整后的记账本位币金额 − 调整前记账本位币金额

下面来看一个具体的实例。

实例讲解 企业采用集中结转法结转汇兑损益

某进出口公司设置了"应收外汇账款"账户用于核算外币业务。已知该账户1月2日的余额为15.00万美元,当日的汇率为USD1=CNY7.077,因此外币账户原记账本位币金额为1 061 550.00元(150 000.00×7.077)。2月发生了以下经济业务,不考虑增值税问题。

① 1月3日,银行收妥上月结欠的外汇账款8.00万美元,转来收汇通知,当日外汇中间价为USD1=CNY7.100 2,编制会计分录如下:

增加的外币发生额 =80 000.00×7.100 2=568 016.00(元)

借:银行存款——美元户　　　　　　　　　568 016.00
　　贷:应收账款——应收外汇账款　　　　　　568 016.00

② 1月8日,向美国某公司销售一批自产的女装,发票金额为60 000.00美元,当日汇率中间价为USD1=CNY7.100 6,编制会计分录如下:

确认主营业务收入 =60 000.00×7.100 6=426 036.00(元)

借:应收账款——应收外汇账款　　　　　　　426 036.00
　　贷:主营业务收入——自营出口销售收入　　　426 036.00

③ 1月22日,向美国某公司销售一批自产的女装,发票注明金额共计80 000.00美元,当日汇率中间价为USD1=CNY7.110 5,编制会计分录如下:

确认主营业务收入 =80 000.00×7.110 5=568 840.00(元)

借:应收账款——应收外汇账款　　　　　　　568 840.00
　　贷:主营业务收入——自营出口销售收入　　　568 840.00

④ 1月31日,美元市场汇率中间价为7.103 9元,核算汇兑损益。

应收外汇账款按照期末市场汇率计算的记账本位币金额 =(150 000.00+60 000.00+80 000.00-80 000.00)×7.103 9=1 491 819.00(元)

调整前应收账款账户记账本位币金额 =1 061 550.00-568 016.00+426 036.00+568 840.00=1 488 410.00(元)

应集中结转的汇兑损益 =1 491 819.00-1 488 410.00=3 409.00(元)

由此可见,这里的汇兑损益具体表现为汇兑收益,冲减财务费用,将汇兑收益予以一次性集中结转。

借：应收账款——应收外汇账款　　　　　　　　　3 409.00
　　贷：财务费用——汇兑损益　　　　　　　　　　3 409.00

2.2.3　汇兑损益的期末调整处理

根据相关规定，外贸企业在资产负债表日应分别按外币货币性项目和外币非货币性项目对汇兑损益进行处理。

1. 外币货币性项目的汇兑损益处理

外币货币性项目是指企业持有的货币资金以及将以固定或可确定的金额收取的资产或偿付的负债。由此可见，外币货币性项目主要包括货币性资产和货币性负债两大类。

外币货币性项目因结算或采用资产负债表日的即期汇率折算而产生的汇兑损益，计入当期损益，同时调增或调减外币货币性项目的记账本位币余额。实际操作时可以参考前述案例，下面通过具体的实例学习。

实例讲解　外币货币性项目的汇兑损益期末调整处理

某进出口公司设置了"应付外汇账款"账户用于核算外币业务，记账本位币为人民币。2024年1月29日，公司向国外某供应商购入一批芯片，商品已经验收入库。双方签订的合同约定货款共20.00万美元，货到后15日内向该供应商付清所有货款。已知当日即期汇率为USD1=CNY7.109 7，而1月31日的即期汇率为USD1=CNY7.103 9，不考虑增值税等相关税费，则该笔交易产生的外币货币性项目应付账款应做如下处理：

①交易日折算记账本位币金额。

交易日折算的记账本位币金额 =200 000.00×7.109 7=1 421 940.00（元）

借：库存商品——库存进口商品　　　　　　　　　1 421 940.00
　　贷：应付账款——应付外汇账款　　　　　　　　　1 421 940.00

②期末（即月末）按照即期汇率折算记账本位币金额。

期末折算的记账本位币金额 =200 000.00×7.103 9=1 420 780.00（元）

③计算汇兑差额。

汇兑差额 =1 420 780.00-1 421 940.00=-1 160.00（元）

由此可见，该笔应付账款期末的记账本位币金额小于交易日的记账本位币金额，因此确认产生了汇兑收益，冲减财务费用，会计人员需编制如下会计分录：

借：应付账款——应付外汇账款　　　　　　　1 160.00
　　贷：财务费用——汇兑损益　　　　　　　　1 160.00

2月5日，公司根据合同内容，以自有美元存款付清所有货款（即结算日），当日的即期汇率为 USD1=CNY7.107。

结算日折算的记账本位币金额 =200 000.00×7.107=1 421 400.00（元）

与上期期末折算的记账本位币金额相比，增加了620.00元（1 421 400.00-1 420 780.00），说明公司付款时发生了汇兑损失，需确认财务费用，会计人员需编制如下会计分录：

借：应付账款——应付外汇账款　　　　　　　1 420 780.00
　　财务费用——汇兑损益　　　　　　　　　　620.00
　　贷：银行存款——美元户　　　　　　　　　1 421 400.00

从整个交易过程来看，这笔应付账款产生了540.00元（1 160.00-620.00）的汇兑收益。

2. 外币非货币性项目的汇兑损益处理

外币非货币性项目是指货币性项目以外的项目，比如存货、固定资产、无形资产、长期股权投资等。不同类型的外币非货币性项目，其汇兑损益的处理是不同的。

（1）以历史成本计量的外币非货币性项目

以历史成本计量的外币非货币性项目，如存货、固定资产等，由于已经在交易发生日按照当天的即期汇率折算记账本位币，因此资产负债表日不应改变其原记账本位币金额，也就不产生汇兑差额。

为什么呢？因为这些项目在取得时已经按照即期汇率折算，构成了这些项目的历史成本，如果再按照资产负债表日的即期汇率折算，就会导致这些项目的价值频繁变动，进一步让这些项目的折旧、摊销和减值等不断变动，这与这些项目的实际情况不符。

下面来看一个具体的例子。

实例讲解 以历史成本计量的外币非货币性项目的汇兑损益期末调整处理

某进出口公司 2024 年 2 月 22 日进口一台生产用机器设备，合同价款 40.00 万美元，货款尚未支付，当日的即期汇率为 USD1=CNY7.110 5。2024 年 1 月 31 日的即期汇率为 USD1=CNY7.103 9。假设不考虑相关税费。

由于该项生产用机器设备对公司来说属于固定资产，在购入时已经按照当日的即期汇率折算为人民币 2 844 200.00 元（400 000.00×7.110 5），而固定资产属于非货币性项目，因此 2024 年 1 月 31 日不需要按照当日的即期汇率对固定资产的账面余额进行调整。

但要注意，存货在资产负债表日采用成本与可变现净值孰低计量，因此在以外币购入存货且该存货在资产负债表日的可变现净值以外币反映的情况下，计提存货跌价准备时应考虑汇率变动的影响。

（2）以公允价值计量的外币非货币性项目

以公允价值计量的外币非货币性项目，如交易性金融资产，采用公允价值确定日的即期汇率折算，折算后的记账本位币金额与原记账本位币金额的差额，作为公允价值变动处理，计入当期损益。

下面来看一个具体的实例。

实例讲解 以公允价值计量的外币非货币性项目的汇兑损益期末调整处理

某进出口公司的记账本位币为人民币。2024 年 1 月 25 日，公司确认了一项交易性金融资产，外币记账为 80.00 万美元，当日的即期汇率为 USD1=CNY7.104 4。2024 年 1 月 31 日的即期汇率为 USD1=CNY7.103 9，当日该金融资产的公允价值为 81.00 万美元，假设不考虑相关税费。

由于交易性金融资产是典型的以公允价值计量的外币非货币性项目，因此要采用公允价值确定日的即期汇率折算。

原记账本位币金额 =800 000.00×7.104 4=5 683 520.00（元）

公允价值确定日折算的记账本位币金额 =810 000.00×7.103 9=5 754 159.00（元）

两者差额 =5 754 159.00−5 683 520.00=70 639.00（元）

会计人员需要根据因汇率变动产生的差额，编制如下会计分录：

借：交易性金融资产——公允价值变动　　　　　70 639.00
　　贷：公允价值变动损益　　　　　　　　　　　70 639.00

2.3　认识国际贸易结算的方式

银货两讫是促进交易双方长久发展必不可少的操作，每笔交易都离不开资金的结算。国际贸易中结算方式有很多，可供外贸企业自行选择，而且一个科学且高效的支付体系能在一定程度上帮助企业和个人发展外贸业务，使进口支付和出口收款更灵活、便捷。

2.3.1　汇付与托收结算

汇付与托收实际上是两种方向相反的国际结算方式，汇付是顺付法，托收是逆汇法，但两者都属于商业信用。下面分别介绍这两种结算方式。

1. 汇付

汇付也称汇款，是付款人通过银行使用各种结算工具将货款汇给收款人的一种结算方式。付款人采用汇付方式，可以充分体现出付款人的汇款主动性，因此对收款人来说是有利的。国际汇付结算方式一般可分为信汇、电汇和票汇这三种。

信汇是汇出行应汇款人的申请，用航空信函的形式指示出口国汇入行解付一定金额的款项给收款人的汇款方式；电汇是汇出行应汇款人的申请，拍发加押电报或电传给另一国家或地区的汇入行解付一定金额的款项给收款人的汇款方式；票汇与电汇、信汇不同，汇入行无须通知收款人取款，而由收款人持票登门取款。

汇付方式下的业务有付款人（即汇款人、进口方，与汇出款项的银行

第 2 章 熟知外币业务与国际贸易结算

之间订有合约关系）、收款人、汇出行和汇入行这四个当事人。汇出行与汇入行（汇出行的代理行，即收取货款的银行）之间订有代理合约关系。

在这种结算方式下，汇出行与汇入行对非自身过失造成的损失，如付款委托书在邮递途中遗失或者延误等致使收款人无法或延迟收到货款，不承担责任；而且汇出行对汇入行工作上的过失也不承担责任。

所以，外贸会计在采用汇付结算方式时一定要做好货款跟踪，这就要求会计人员熟悉汇付方式的开展流程，如图 2-15 所示。

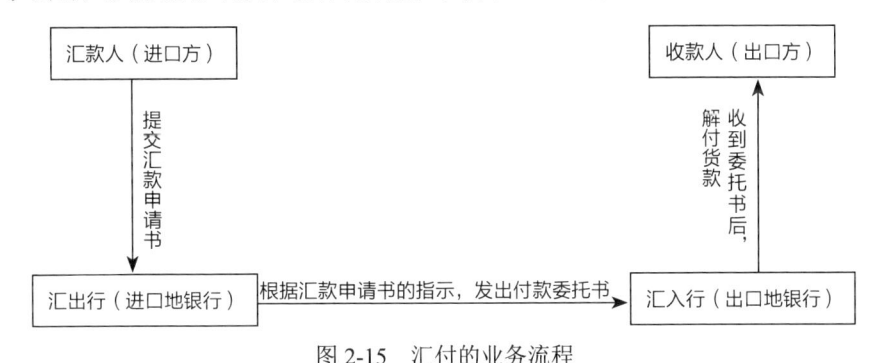

```
┌─────────────────┐                              ┌─────────────────┐
│  汇款人（进口方）│                              │  收款人（出口方）│
└────────┬────────┘                              └────────▲────────┘
    提交汇款申请书                            收到委托书后，解付货款
         │                                             │
         ▼                                             │
┌─────────────────┐  根据汇款申请书的指示，发出付款委托书  ┌─────────────────┐
│ 汇出行（进口地银行）│─────────────────────────────────▶│ 汇入行（出口地银行）│
└─────────────────┘                                    └─────────────────┘
```

图 2-15　汇付的业务流程

汇付的会计处理与国内业务基本相同，但需要区分不同情况进行账务核算，见表 2-3。

表 2-3　汇付方式下的会计处理

方式	进口方账务处理	出口方账务处理
电汇	①预付全部或部分货款 借：预付账款 　　财务费用——手续费 　　贷：银行存款——人民币户（或外币户） ②收到货物后支付剩余货款 借：原材料/库存商品等 　　贷：预付账款 　　　　银行存款——人民币户（或外币户）	①预先收到全部或部分货款，同时发出商品确认收入 借：银行存款——人民币户（或外币户） 　　贷：预收账款——预收外汇账款/应收账款——应收外汇账款等 借：应收账款——应收外汇账款 　　贷：主营业务收入——自营出口销售收入 ②收到剩余货款 借：银行存款——人民币户（或外币户） 　　财务费用——手续费/汇兑损益等 　　预收账款——预收外汇账款 　　贷：应收账款——应收外汇账款
信汇	同上	同上

续上表

方式	进口方账务处理	出口方账务处理
票汇	①汇款人填制申请书并付款时 借：其他货币资金——银行汇票 　　贷：银行存款——人民币户（或外币户） ②收款人领取汇款后，汇款人凭借退回的收条做转销处理 借：原材料/库存商品等 　　贷：其他货币资金——银行汇票	收款人收到汇款后，凭借汇入汇款通知书及外汇结汇证明做账 借：银行存款——人民币户（或外币户） 　　贷：主营业务收入——自营出口销售收入

下面来看一个具体的案例。

借：主营业务成本——自营出口销售成本

　　贷：库存商品——库存出口商品

实例讲解 电汇方式下进出口方预付（预收）订金的核算

国内某公司对外出口一批商品，货款总额为80.00万美元，境外进口商预付一笔订金，为货款总额的10%，即8.00万美元。已知当日人民币汇率为USD1=CNY7.108。

①出口方预收货款。

借：银行存款——美元户　　　　　　　　　　80 000.00

　　贷：预收账款——预收外汇账款　　　　　　80 000.00

如果公司当天将该笔款项结汇，则不存在汇兑损益；如果公司在之后的某个时间将该笔款项结汇，就很可能发生汇兑损益，那时需要做如下账务处理：

借：银行存款——人民币户（按照结汇当天的汇率折算）

　　财务费用——汇兑损益（发生汇兑损失记借方，汇兑收益记贷方）

　　贷：银行存款——美元户（按照预收货款当天的汇率折算）

②进口方预付订金，以外币支付银行手续费400.00美元。

借：预付账款——预付外汇账款　　　　　　　80 000.00

　　财务费用——手续费　　　　　　　　　　　　400.00

　　贷：银行存款——美元户　　　　　　　　　80 400.00

汇付结算方式的风险较大，如果采取预付货款的方式，则进口方有收不到商品的风险；如果采取货到付款的方式，则出口方有收不到货款的风险。因此，这种结算方式在进出口实务中使用频率较低，通常只用来支付佣金、广告费、杂项费用和货款尾数等。当然，在进出口双方高度信任的基础上也还是可以运用这种结算方式。

2. 托收

托收是指出口方在货物装运后，开具以进口方为付款人的汇票，委托出口地银行通过其在进口地的分行或代理行向进口方代收货款的一种结算方式。

托收方式下的业务有委托人（即出票人、出口人）、托收行、代收行和付款人这四个当事人。委托人开出汇票，委托托收行向境外付款人代收货款；托收行即接受出口人的委托代为收款的出口地银行；代收行即接受托收行的委托向付款人收取货款的进口地银行；付款人即进口人，需要向代收行付款。

委托人与托收行之间、托收行与代收行之间都是委托代理关系；付款人与代收行之间没有任何法律关系，付款人只需要根据买卖合同付款。因此，委托人（即出口人）能否收到货款，完全靠进口方的信誉好坏，代收行与托收行均不承担责任。

图2-16是托收方式的开展流程。

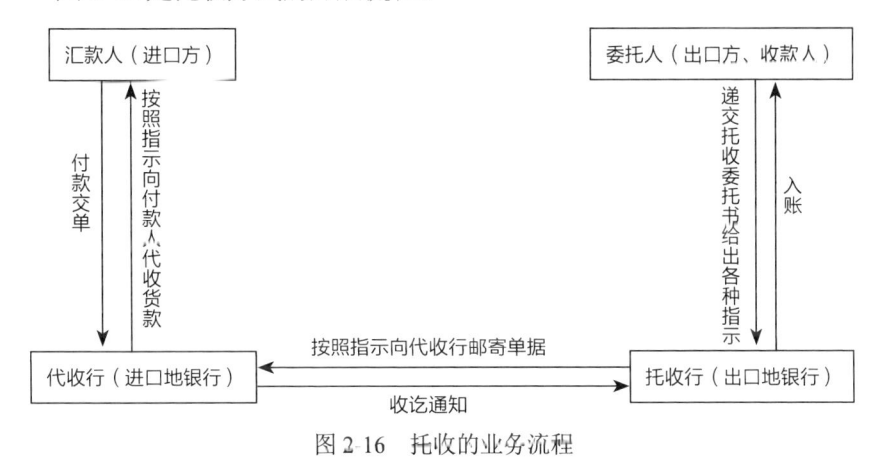

图2-16 托收的业务流程

托收的会计处理需要区分不同情形进行账务核算，具体内容如下：

①出口方发货后向银行办理交单，在交单日，无论是付款交单，还是

承兑交单，均需确认收入。

　　借：应收账款——应收外汇账款
　　　　贷：主营业务收入

②如果采用承兑交单方式，出口方需凭借银行通知在承兑日做账。

　　借：应收票据——应收外汇票据
　　　　贷：应收账款——应收外汇账款

③在付款交单的收汇日或承兑交单的远期汇票到期日，出口方凭借结汇水单做账。

　　借：银行存款——人民币户（或外币户）
　　　　贷：应收账款——应收外汇账款（或应收票据——应收外汇票据）

此时的进口方也会在相应的环节进行账务处理。

①当出口方发货并向银行办理交单后，代收行开出进口代收单据通知书，通知付款人（进口方）办理有关付款、承兑或拒付手续。

　　借：商品采购
　　　　贷：应付账款——应付外汇账款

②如果采用承兑交单方式，进口方需在承兑日做账。

　　借：应付账款——应付外汇账款
　　　　贷：应付票据——应付外汇票据

③在付款交单的付款赎单日或承兑交单的远期汇票到期日，进口方需做账。

　　借：应付账款——应付外汇账款（或应付票据——应付外汇票据）
　　　　贷：银行存款——人民币户（或外币户）

下面来看一个具体的案例。

实例讲解 托收结算的业务核算工作

　　国内某进出口公司向美国一家公司出售一批女装，货款共50.00万美元，当日汇率为USD1=CNY7.108，已办妥托收手续，双方合同约定采取付款交单的方式，不考虑相关税费问题。

①出口方确认收入。

人民币金额 =500 000.00×7.108=3 554 000.00（元）

借：应收账款——应收外汇账款　　　　　　　3 554 000.00
　　贷：主营业务收入——自营出口销售收入　　3 554 000.00

之后的某一天收到银行转来美国公司支付的 50.00 万美元的收账通知，当天汇率为 USD1=CNY7.105 7。

人民币金额 =500 000.00×7.105 7=3 552 850.00（元）

借：银行存款——美元户　　　　　　　　　　3 552 850.00
　　财务费用——汇兑损益　　　　　　　　　　1 150.00
　　贷：应收账款——应收外汇账款　　　　　　3 554 000.00

由此可见，国内进出口公司的这笔货款发生了 1 150.00 元的汇兑损失。

②进口方收到代收行开出的进口代收单据通知书。

借：商品采购　　　　　　　　　　　　　　　500 000.00
　　贷：应付账款——应付外汇账款　　　　　　500 000.00

在付款交单的付款赎单日做账。

借：应付账款——应付外汇账款　　　　　　　500 000.00
　　贷：银行存款——美元户　　　　　　　　　500 000.00

托收方式下，出口方面临一些风险：

①进口方资金短缺，无力支付货款。

②进口方事先未获取进口许可证件，货物到达目的港后被禁止进口。

③进口方没有申请到外汇，无法支付货款。

④进口方可能因为货物在市场上滞销或价格下跌而耍赖失信，不遵守合同规定，或以质量差等要挟，要求出口方降价。

2.3.2　信用证结算

信用证是外贸交易中最主要和最常用的支付与结算方式，它以银行信用代替商业信用，从而保证外贸交易顺利进行。信用证是开证银行应申请人（买方）的要求，并按其指示向受益人（卖方）开立的，载有一定金额的，在一定期限内凭符合规定的单据付款的书面保证文件。

由此可见,信用证不仅与交易双方有关,还与银行有关。为了更好地在外贸交易中用信用证结算,外贸会计需从以下几个方面了解信用证:

1. 信用证的分类

依据不同的划分标准,信用证的类型可以分成很多种,见表2-4。

表2-4 信用证的不同类型

分类依据	类型	说明
信用证项下的汇票是否附有货运单据	跟单信用证	凭借跟单汇票或单据付款的信用证,是使用最多的信用证。单据指证明货物所有权的单据,如海运提单,或证明货物已交运的单据,如铁路运单、航空运单和邮包收据等
	光票信用证	银行凭借光票信用证付款,不需要随附货运单据,但可以要求受益人(卖方)附交一些非货运单据,如发票和垫款清单等
权利是否可以转让	可转让信用证	信用证的第一受益人可以要求授权付款、承担延期付款责任,承兑或议付的银行,或当信用证是自由议付时,可以要求信用证中特别授权的转让银行将信用证全部或部分转让给一个或数个受益人(第二受益人)使用的信用证。开证行在信用证中要明确注明"可转让"字样,且只能转让一次
	不可转让信用证	受益人不能将信用证的权利转让给他人的信用证。信用证中未注明"可转让"字样的信用证都是不可转让信用证
开证行所负的责任	可撤销信用证	开证行可以随时撤销且不必征得受益人或有关当事人同意的信用证。可撤销信用证上会明确注明"可撤销"字样,否则为不可撤销信用证。另外,受益人已经得到信用证条款规定的议付、承兑或延期付款保证时,信用证不可撤销
	不可撤销信用证	一经开出,在有效期内若未获得受益人或有关当事人的同意,开证行不能单方面修改和撤销的信用证。只要受益人提供的单据符合信用证规定,则开证行必须履行付款义务
第三方银行是否保证兑付	保兑信用证	开证行开出的信用证,由另一银行保证对符合信用证条款规定的单据履行付款义务
	不保兑信用证	开证行开出的信用证没有经另一家银行进行保证
付款时间	即期信用证	开证或付款行收到与信用证条款相符的跟单汇票或装运单据后立即付款的信用证
	远期信用证	开证行或付款行收到与信用证条款相符的单据后,在规定期限内履行付款义务的信用证

2. 信用证的主体

对于上表列举的信用证类型，通常会部分或全部涉及信用证的九个主体，对应的权利和义务见表2-5。

表2-5　信用证九个主体及其权利义务

主体	解释	权利	义务
开证人	向银行申请开立信用证的人，一般为外贸交易的买方	以信用证为依据进行单证和货物的检验，对于不符合要求的，有权根据外贸交易合同约定办理货物退回事宜	①根据外贸交易合同约定办理开证手续。②向申请银行交付比例押金。③及时付款赎单
受益人	信用证上指定的有权使用该证的人，一般为出口企业或实际供货人	①开证申请人拒绝修改信用证或修改后仍不符合规定和要求的，受益人可提前通知买方，拒绝信用证并单方面撤销合同。②开证行在信用证交单后倒闭或无理由拒付的，受益人可直接要求开证申请人付款。③收款前开证申请人破产的，受益人可停止货物装运并自行处理。④开证行在信用证使用之前倒闭的，受益人可要求开证申请人另开	①及时将收到的信用证与合同进行核对，两者不相符的，应要求开证行修改，开证行不修改的，可与买方沟通，让其向开证行申请修改，否则受益人应拒绝接受信用证。②受益人一旦接受信用证且未提出任何异议，就应按照合同约定发货，并告知收货人，同时备齐单据，在规定时间内向议付行交单议付。③对单据的正确性负责，不符时应执行开证行改单指示，并在信用证规定期限内交单
开证行	接受开证申请人的委托开立信用证的银行，承担保证付款的责任	①向开证申请人收取手续费和押金。②拒收受益人或议付行提交的不合规单据。③付款后开证申请人无力押款赎单时处理单、货。④货不足款时向开证申请人追索余额	①正确及时开出信用证。②承担第一付款责任
通知行	接受开证行委托将信用证转交给出口方银行	—	①将信用证转交给出口方银行。②只证明信用证的真实性，不承担其他义务
议付行	根据开证行授权买入受益人开立和提交的符合信用证规定的汇票及单据的银行	①拒绝议付。②议付后自行处理单据。③议付后开证行倒闭或借口拒付，可向受益人追回垫款	①严格审单。②垫付或贴现跟单汇票。③背批信用证

续上表

主体	解释	权利	义务
付款行	信用证上指定付款的银行，多数情况下都是开证行	有权不付款	按照信用证的规定付款
保兑行	受开证行委托对信用证以自己名义保证的银行	—	①对信用证加批"保证兑付"。②不可撤销确定承诺。③独立对信用证负责，凭单付款，付款后只能向开证行索偿。开证行拒付或倒闭的，无权向受益人和议付行追索
承兑行	对受益人提交的汇票进行承兑的银行，通常在承兑信用证中涉及承兑行	—	对受益人提交的汇票进行承兑
偿付行	受开证行委托，代开证行向议付行或付款行清偿垫款的银行	—	向议付行或付款行清偿垫款

需要补充说明的内容有如下几点：

①通知行是出口地所在银行。

②议付行按信用证规定对受益人交付的跟单汇票垫款或贴现后，有权向信用证规定的付款行索偿。

③付款行付款后，无权向受益人或汇票持有人追索。

3. 信用证的标准格式

为了保证款项顺利结算，外贸会计需要了解信用证的规范格式，具体从构成要素入手，学会分辨和审核信用证。信用证的基本要素见表2-6。

表2-6 信用证的构成要素

要素名称	中文释义
From:	开证行
To:	通知行

续上表

要素名称	中文释义
27: sequence of total	报文页次
40A: form of documentary credit	跟单信用证类型
20: documentary credit number	跟单信用证号码
23: reference to pre-advice	预通知编号
31C: date of issue	开证日期
31D: date and place of expiry	到期日和到期地点，地点填受益人所在国家
32B: currency code, amount	币别代号与金额
40E: applicable rules	适用规则
39A: precentage credit amount tolerance	信用证金额浮动允许范围
41A: available with ... by	指定的银行及信用证兑付方式
41D: available with ... by ... name/address	向银行押汇……押汇方式为……
42A: drawee-BIC	汇票付款人——银行代码
42C: drafts at ...	汇票汇款期限
42P: deferred payment details	延期付款指示
43P: partial shipments	分批装运条款
43T: transshipment	转运条款
44A: loading on board/dispatch/taking in charge	装船/发运/接受监管的地点
44B: for transportation to ...	货物发送最终目的地
44C: latest date of shipment	最迟装运日期
44E: port of loading/airport of departure	装货港/出发机场
44F: port of discharge/ airport of destination	卸货港/目的地机场
45A: description of goods and/or services	货物/劳务描述
46A: documents required	单据要求
47A: additional conditions	附加款件
48: period for presentation	交单期限
49: confirmation instructions	保兑指示
50: applicant	开证申请人，一般为买方
51A: applicant bank-BIC	开证申请人银行——银行代码
59: beneficiary	受益人，一般为卖方

续上表

要素名称	中文释义
71B：charges	费用负担
72：sender to receiver information	附言
78：instructions to pay/accept/negotiate bank	给付款行/承兑行/议付行的指示

图2-17是一份简单的信用证通知书。

××银行
××Bank
信用证通知书
NOTIFICATION OF DOCUMENTARY CREDIT

Name of Issuing Bank（开证行）：	Irrevocable Documentary Credit（不可撤销跟单信用证）Number（号码）：
Place and Date of Issue（开证地点、日期）：	Expiry date and Place for Presentation of documents（交单到期日期和地点） Expiry date（到期日）： Place for Presentation（到期地点）：
Applicant（申请人）：	
Advising Bank（通知行）： Reference No.（业务备查号）：	Beneficiary（受益人）： Amount（金额）：
Partial shipments（分运） □ allowed 允许　□ not allowed 不允许	Credit available with Nominated Bank（付款方式）： □ by payment at sight（即期付款） □ by deferred payment at（延期付款）
Transhipment（转运） □ allowed 允许　□ not allowed 不允许	□ by acceptance of drafts at（承兑） □ by negotiation（议付）
□ Insurance will be covered by buyers（投保人）	
Shipment as defined in UCP500 Article 46 （根据UCP500第46条款解释的装运） From（起运港）： For transportation to（目的地港）： Not later than（最迟装船期）：	
Documents required（单据要求） Documents to be presented within □ days after the date of shipment but within the validity of the Credit. （交单所有单据要在装船后xx天之内提交，即在信用证有效期前。）	
We hereby issue the Irrevocable Documentary Credit in your favour .It is subject to the Uniform Customs and Practice for Documentary Credit(1993 Revision, International Chamber of Commerce, Paris, France, Publication No.500) and engages us in accordance with the terms thereof. The number and the date of the Credit and the name of our bank must be quoted on all drafts required. If the Credit is available by negotiation, each presentation must be noted on the reverse side of this advice by the bank where the Credit is available.我们开立以你方为受益人的不可撤销跟单信用证。本信用证依据跟单信用证统一惯例（1993版，国际商会，法国，巴黎，第500号出版物）开立，我们保证将对符合这些条款的单据付款。信用证号和开证日期以及我们的名称必须打在所有的汇票上。如果是在本信用证项下议付，每一次的单据提交必须由银行纪录在信用证背后，标明是在哪里议付。	
	Name and signature of the Issuing Bank（开证行签名）
This document consists of □ signed page(s)本文档包括签名页	

图2-17　信用证通知书

外贸企业如果要使用信用证，需要向开户行或有关银行申请开具信用证，图2-18是某公司需要填写的信用证开证申请书。

IRREVOCABLE DOCUMENTARY CREDIT APPLICATION

TO:BANK OF CHINA ×× BRANCH	Date:
☐Issue by airmail ☐With brief advice by teletransmission ☐Issue by express delivery ☐Issue by teletransmission(which shall be the operative instrument)	Credit No.
Applicant:	Beneficiary(Full name and address)
Advising Bank	Amount
Partial shipments ☐allowed ☐not allowed	Transhipment ☐allowed ☐not allowed	Credit available with: By ☐sight payment ☐acceptance ☐negotiation ☐deferred payment at against the documents detailed herein
Loading on board/dispatch/taking in charge at/from not later than For transportation to: ☐FOB ☐CFR ☐CIF ☐or other terms	☐and beneficiary's draft(s) for % of invoice value at sight drawn on

Documents required:(marked with ×)
1.( )Signed commercial invoice in___copies indicating L/C No. and Contract No.
2.( ) Full set of clean on board Bills of Lading made out to order and blank endorsed, marked "freight [X]to collect [ ]prepaid[ ] showing freight amount" notifying THE APPLICANT WITH NAME AND ADDRESS.
( )Airway bills/cargo receipt/copy of railway bills issued by_____showing freight[ ] to collect/[ ] prepaid[ ]indicating freight amount" and consigned to_____
3.( )Insurance Policy/Certificate in____copies for___% of the Invoice value showing claims payable in____in currency of the draft, blank endorsed, covering All Risks, War Risks and_____.
4.( )Packing List/Weight Memo in__copies indicating quantity,gross and weights of each package.
5.( )Certificate of Quantity/Weight in____copies issued by_____.
6.( )Ceritificate of Quality in____copies issued by[ ]manufacturer/[ ]pubic recognized surveyor_____.
7.( )Certificate of Origin in___copies.
8.( )Beneficiary's certified copy of fax/ telex dispatched to the applicant within___days after shipment advising L/C No.,name of Other documents,if any

Description of goods.

Additional instructions:
1.( )All banking charges outside the opening bank are for beneficiary's account.
2.( )Documents must be presented within 10 days after date of issuance of the transport documents but within the validity of this credit.
3.( )Third party as shipper is not acceptable,Short Form/Blank back B/L is not acceptable.
4.( )Both quantity and credit amount____% more or less are allowed.
5.( )All documents must be sent to issuing bank by courier/speed post in one lot.
6.( )Other terms, if any.

图2-18　信用证开证申请书

4. 信用证的使用流程

信用证的使用从开证到议付，整个过程紧密相关，外贸会计在使用信用证时需要了解不同阶段应完成哪些操作，如图 2-19 所示。

一、开证人申请
开证申请人根据外贸合同的相关内容填写开证申请书，向开证行申请开证，并交纳押金或提供其他保证

二、开证行开证
开证行审核开证申请人提交的申请书内容，审核通过的，向受益人开出信用证，并将其邮寄至出口方所在地通知行

三、通知行核对
核对信用证和受益人提交的印鉴，核对无误的，将信用证交给受益人

四、受益人开出汇票
受益人审核信用证内容看是否与合同规定相符，若相符，按信用证规定装运货物，准备相关单据并开出汇票，在信用证有效期内送议付行议付

五、议付行议付
议付行审核受益人交来的信用证和单据，审核无误的，垫付货款给受益人

六、议付行索偿
议付行议付后，将汇票和货运单据邮寄至开证行或其特定的付款行索偿

七、开证行付款
开证行审核议付行提交的汇票和单据，核对无误的，完成付款

八、开证申请人付款赎单
开证行对议付行付款后，通知开证申请人进行付款赎单

图 2-19　信用证使用流程

外贸企业申请开立信用证时，一般采用非全额付款方式，即只付给银

行 20% 或 30% 的款项，其他款项采用企业自身信用或第三方担保的形式代替，待收到货物后再补足剩余款项。这样一来，公司的资金使用更加灵活，同时让银行承担一定风险，开证需要的资料以及申请人需要具备的资格就会比较多且严格，具体需满足以下条件或情况：

①开证申请人已经在开证行取得授信。

②第三方担保，并取得担保函。

③开证申请人的财务资料，如财务报表、企业资质文件等，一般由外贸企业财务负责人完成。

④开证申请人基本资料，如营业执照、银行开户证明等证件的正副本原件及复印件，以及公司公章和法人章。

⑤开证申请书、开证申请人总承诺书和外贸交易合同等。

2.3.3 使用银行保函

银行保函又称保函或银行保证书，是由银行承担付款责任的担保凭证，主要由银行接受委托人的申请向受益人开立，保证申请人按规定履行合同，否则由银行负责偿付债款，在外贸业务中常用简写的 L/G 表示。

银行保函的使用过程中有三个当事人：委托人、受益人和担保人。委托人指要求银行开立银行保函的一方；受益人指收到银行保函并凭此向银行索偿的一方；担保人指银行保函的开立人，即银行。

保函的内容根据实际交易的不同而呈现出多种多样的特点，且在形式上没有固定的格式，对有关方面的权利和义务的规定、处理手续等也没有形成一定的惯例。因此，遇到不同的解释时只能就其文件本身内容所述来作具体解释。表 2-7 展示的是银行保函的常见内容。

表 2-7 银行保函的常见内容

项目	内容
基本栏目	包括保函的编号，开立日期，各当事人的名称、地址，有关交易或项目的名称，有关合同或标书的编号以及订约或签发日期等

续上表

项目	内容
责任条款	即开立银行保函的银行或其他金融机构在保函中承诺的责任条款,该项目是构成银行保函的主体
保证金额	是开立保函的银行或其他金融机构所承担责任的最高金额,可以是一个具体的金额,也可以是合同有关金额的某个百分比。实际业务中,如果担保人可以按照委托人履行合同的程度减免责任,则必须在此项目中作出具体说明
有效期	即最迟索赔日期,也可称为到期日,可以是一个具体的日期,也可以是某一行为或某一事件发生后的一个时期。比如,在交货后三个月或六个月后、工程结束后一个月等
索赔方式	即索赔条件,指受益人在任何情况下可向开立保函的银行提出索赔,一种是无条件的或称"见索赔偿"保函,另一种是有条件的保函

TIPS 银行保函与跟单信用证的联系与区别

银行保函与跟单信用证的当事人权利和义务基本相同,但是受益人提交的单据以及适用范围不同。银行保函要求受益人提交的单据是受益人出具的关于委托人违约的声明或证明,而跟单信用证要求受益人提交的单据是包括运输单据在内的商业单据。银行保函可适用于各种经济交易,为契约的一方向另一方提供担保,如果委托人没有违约,保函的担保人就不必为承担赔偿责任而付款;而跟单信用证的开证行必须先行付款。

使用信用证和银行保函的过程中,也需要根据业务开展进程及时做账,参考本章前述内容,这里不作详解。

2.3.4 多种结算方式的结合运用

在国际贸易业务中,一笔交易的货款结算可以只使用一种结算方式,也可以根据需要将两种或两种以上的结算方式结合使用。无论是哪种情况,目的都是促成交易、安全及时收汇或是妥善处理付汇。

前面已经单独介绍了各种结算方式,这里简单介绍几类多种结算方式结合运用的情况,如汇付与银行保函或信用证结合、托收与信用证结合、汇付与托收结合等。

1. 汇付与银行保函或信用证结合

汇付与银行保函结合运用,是在买方履行合同付款责任的同时,要求卖方通过银行出具保证履约的保函,若卖方最后不能履行合约,则由银行保证退回买方已交的货款和从付款至退款时的利息;而买方又是按照卖方对产品的制造、交货的进度分期付款,因此交易双方往往采用汇付和银行保函相结合的方式。

采用这种方式成交时,应在买卖合同中规定买方的付款是根据卖方在每一阶段结束时所提供有关证明,汇付一部分货款,最后一部分货款应在卖方将货物装船并提交货运单据时付清。卖方应提供由银行出具的以买方为受益人的银行保函,银行保证若卖方最后不能履约,退回买方已付的货款和利息。

汇付与信用证结合运用,是指一笔交易的货款,部分用信用证方式支付,余额用汇付方式结算。对此,经贸易双方同意,信用证规定凭装运单据先付发票金额或在货物发运前预付一部分金额,余额待货到目的地(港)后或按再检验的实际数量用汇付方式支付。

使用汇付与信用证结合的方式,必须先明确采用哪种信用证、哪种汇付方式以及按信用证支付金额的比例。这种结算方式的结合形式常用于允许交货数量有一定变动幅度的某些初级产品的交易。

无论是汇付与银行保函结合使用,还是汇付与信用证结合使用,这两类结算方式的结合形式一般只适用于成套设备、大型机械和大型交通运输工具(如飞机、船舶等)等的货款结算,这类交易的特点是交易金额大、生产周期长,通常要求买方以汇付方式预付部分货款或定金,其余大部分货款由买方按照信用证规定或开具保函分期付款或迟期付款。

2. 托收与信用证结合

托收与信用证结合的结算方式,是指一笔交易的货款,部分用信用证方式支付,余额用托收方式结算。具体操作是:信用证规定受益人(出口人)开立两张汇票,属于信用证项下的部分货款凭光票支付,其余金额就随着货运单据附在托收的汇票项下，按即期或远期付款交单方式托收。

这种结算方式结合的形式对于出口人收汇来说比较安全，也可以减少进口人的垫金，因此容易被进出口交易双方接受。但是，采用这种结算方式必须明确信用证的种类、支付金额以及托收方式的种类，同时还必须明确"在全部付清发票金额后方可交单"的条款。

3. 汇付与托收结合

出口商为了提高收汇的保障程度，加速资金周转，在采取托收方式收款的同时，要求进口商在货物发运前使用汇付方式预付一定金额的定金或一定比例的货款作为保证。在货物发运后，当出口商委托银行办理跟单托收时，在托收全部货款中，将预付的款项扣除，若托收金额被拒付，出口商可以将货物运回，以预收的定金或货款抵偿运费、利息等一系列损失。

这种结算方式下，关于定金或预付货款比例多少的规定，可视不同客户的资信和不同商品的具体情况确定。

除了上述这些多种结算方式的结合形式，还有托收与信用证或银行保函结合等，外贸企业在开展国际贸易业务时需根据公司情况选定。

第3章

外贸出口业务的核算

外贸出口业务即出口方将自产、自有的产品或服务从本国销往外国的业务，按照经营性质的不同，外贸出口业务主要分为自营出口业务和代理出口业务，不同类型的出口业务其核算方法和账务处理是不同的，本章就来详细了解出口业务的核算内容。

3.1 核算出口业务需要有的知识储备

外贸会计的主要工作虽然是算账、记账和做账,但是要保证这些工作顺利且正确进行,也需要熟悉出口业务的相关知识,如出口贸易的流程、出口业务中常用的单证、出口销售收入的确认原则、出口报关成交方式以及出口业务发票的种类等。

3.1.1 熟悉出口贸易的一般流程

外贸会计要将出口贸易的一般流程熟记于心,大致流程如图3-1所示。

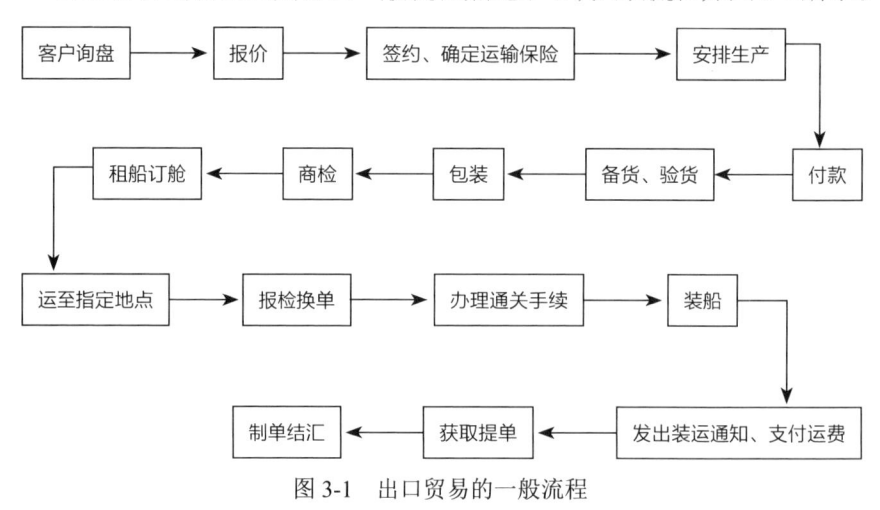

客户询盘 → 报价 → 签约、确定运输保险 → 安排生产 → 付款 → 备货、验货 → 包装 → 商检 → 租船订舱 → 运至指定地点 → 报检换单 → 办理通关手续 → 装船 → 发出装运通知、支付运费 → 获取提单 → 制单结汇

图 3-1 出口贸易的一般流程

下面详细了解该流程中各个环节需要做的事情。

1. 客户询盘

询盘就是常说的询价,是指交易的一方准备购买或者出售某商品,向对方咨询买卖该商品的有关交易条件,如价格、商品规格、品质、数量、包装、装运以及索取样品等。外贸交易的双方可以通过合适的方式找到彼此,如电子商务平台、主题展会、线上产品交流会等。

一般来说,该环节的主角是外贸公司的客户,大多数时候由客户主动发出询盘,且多数时候只是询问价格。询盘不是每笔交易必经的程序,如果交易双方彼此都了解情况,就不需要向对方探询成交条件或交易可能性,也就不必询盘,甚至可以直接向卖方发盘。

询盘可以采用口头、书面或电子邮件等形式,但询盘只是寻求买或卖的可能性,因此询盘不具备任何法律约束,询盘的乙方(即出口方)对交易成功与否不负有任何法律责任。但是,如果后期双方交易成功且签订合同,询盘的内容就会成为合同文件中不可或缺的一部分,如果双方在合作过程中发生争议,询盘内容可作为处理争议的依据。

TIPS 什么是发盘

发盘又称发价、报价,在法律上称为"要约",在国际贸易实务中,发盘是交易的一方(发盘人)向另一方(受盘人)提出出售或购买某项商品的各项交易条件,并愿意按照这些条件与对方达成交易、订立合同的一种肯定表示。受盘人在有效期内表示接受发盘,发盘人将受其约束并承担按照发盘的条件与对方订立合同的法律责任。

发盘应具备的条件包括向一个或一个以上的特定人提出、表明订立合同的意思,发盘的内容必须确定,发盘应送达受盘人。

2. 报价

外贸交易双方通过询盘达成意向后,出口方就可以向进口方报价了。在报价之前,出口方需充分考虑产品的成本、利润和市场竞争力等因素,报出可行的价格。报价的一般业务流程如图 3-2 所示。

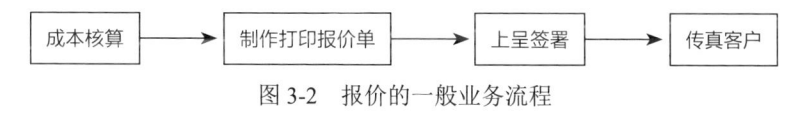

成本核算 → 制作打印报价单 → 上呈签署 → 传真客户

图 3-2 报价的一般业务流程

外贸实务中,比较常见的报价形式有 FOB(船上交货)、CFR(成本加运费)和 CIF(成本、保险费加运费)等,具体采用哪一种,需交易双方协商确定。

出口商品的报价内容主要包括商品的质量等级、规格型号、特殊包装要求、所购数量、交货期要求、运输方式以及材质等。

询盘、报价两个环节属于外贸交易中的洽谈阶段。

3. 签约、确定运输保险

签约环节即外贸交易双方经过洽谈达成合作，出口方收到客户正式的订单，对进口方来说属于订货环节。

在这个环节中，境外进口方会针对一些主要事项与出口方进行协商，如商品名称、规格型号、数量、价格、包装、产地、装运期、付款条件和结算方式等。双方协商一致后签订购货合同，这也意味着出口业务正式开始了。

在该环节，出口方需要制定出口合同，开具出口商业发票。

另外，出口企业多数时候会在签合同的环节约定运输保险的相关事项，并办理货物运输险的投保手续。常见的保险有海洋货物运输保险、陆空邮货运保险等，而海洋货物运输保险承保的险别分为基本险和附加险两类。出口商品的投保一般是逐笔进行的，出口方在投保时应如实告知保险公司货物名称、保额、运输路线和投保险别等，保险公司接受投保后，就向出口企业签发保险单或保险凭证。

4. 安排生产

出口企业根据双方签订的合同，做好生产计划，安排生产，包括产品品种、数量、质量和包装等的明确与控制。

5. 付款

外贸交易双方在确定的结算方式下，按照约定付款。

如果结算方式为信用证，那么出口企业要在交货期前一个月内确认是否收到信用证。收到信用证后，企业的业务员和单证员需分别审查信用证，没有问题的，进入备货环节；有问题的，立即请进口商修改信用证。

如果采用汇付结算方式，则付款与否以及什么时候付款需按照双方合同约定严格执行。

如果采用承兑交单结算方式，出口企业需要提前将相关单据传递到进口方所在地银行，只要买方去银行承兑（如承诺30天、60天、90天后付款），银行就可以交单。

如果采用付款交单结算方式,出口企业可以按照合同中约定的付款时间请求进口方付款,然后交单。

6. 备货、验货

备货在外贸业务中也是一项非常重要的工作,企业必须按照合同约定逐一落实,跟单员需要督促生产企业、部门或者有关责任人积极筹备货物,办理相关保险,在规定时间内完成备货。

在备货阶段需要核对的内容主要有以下:

①按照合同的要求核实货物的品质和规格。

②检查货物数量,保证满足合同或信用证对数量的要求。

③根据信用证规定,结合船期安排,严格确定备货时间,注意与船期相衔接。

而验货工作主要在货物生产完成后进行,外贸实务中常见的验货方式有三种,见表3-1。

表3-1 外贸货物的验货方式

方式	说明
出口公司验货	在交货期前一周,部门跟单员需要通知公司验货员验货
进口方验货指定验货人员验货	要在交货期前一周,约进口方验货,进口方自行验货或者指定验货人员验货
第三方验货	如果进口方指定由第三方验货,则需要在交货期前两周联系出口方,预约验货时间并通知验货人员

7. 包装

在外贸业务中,包装工作不仅指打包装箱,还需要将唛头(mark,也称运输标志)刷于或者印在外包装上,主要是为了让承运人和提货人顺利辨认货物。

出口的货物不同,适用的包装形式就不同,包括纸箱、木箱和编织袋等。下面简单介绍不同包装形式对包装的大致要求,见表3-2。

表 3-2　不同包装形式对包装的要求

包装形式	包装标准和要求
一般出口包装	根据贸易出口通用的标准进行包装
特殊出口包装	根据进口商的特殊要求进行包装
货物的包装和唛头	出口企业应认真检查核实货物的包装和唛头，使其符合信用证的规定

在该环节，出口企业的相关人员需要备制装箱单。

签约、安排生产、付款、备货验货以及包装等环节属于外贸交易中的来证备货阶段。

8. 商检

如果外贸公司经营的是国家法定商检产品，给工厂或生产部门下订单时要说明商检要求，并提供出口合同、发票、装箱单等商检所需资料。同时告知工厂货物的出口口岸，便于工厂办理商检，尽量在发货一周前拿到商检换证凭条。

在该环节，出口企业需要获取出口商品检验证书。

9. 租船订舱

当出口方备妥货物，收到境外进口商开来的信用证，且经过审核无误后，按合同及信用证规定的时间及时将货物出运。

租船订舱是租船和订舱的合成词，在外贸业务的货物交付和运输过程中，如果货物的数量较多，可以洽租整船甚至多船来装运货物，这就是租船。如果货物数量不多，可以租赁一艘船的部分仓位来装运货物，这就是订舱。

租船订舱工作的注意事项如下：

①出口企业根据船公司提供的船期表，掌握船、货情况，在船舶抵达港口或截止签单前，及时办理托运手续。如果合同中约定FOB CHINA条款，进口商会指定运输代理或船公司，此时出口方需及时联系进口商尽早与货运代理公司联系，并通过进口商得知货运代理或船公司出口口岸，同时要求进口商及时告知船期等情况。

②订舱时，出口企业或者进口商一定要书面传真出口货物托运单，注明所订船期、柜型及数量、目的港等信息，以免发生错误，且需在开船前一周进行。如果出口货物中有额外的特殊货物，如散装油类、冷藏货和鲜活货物，出口企业应事先通知承运人或船、货代理人订舱情况，并列明要求。如果需要走散货，出口企业或进口商应向货代公司预订散货仓位，并了解截关时间和入仓报关要求等。

③出口企业办理订舱手续时力求准确无误，尽量避免增加订舱数量、退载和变载等情况发生，以免影响承运人和船、货代理人以及港务部门的工作，从而影响外贸交易的顺利开展。

④需要由出口企业支付运费的，应尽早向货代公司或船公司咨询船期、运价以及开船口岸等。

在租船订舱环节还会涉及货柜型号和箱号等问题，感兴趣的可以自行了解学习，这里不作详述。

10. 运至指定地点

出口企业或者工厂验货通过后，就要开展委托拖柜工作。出口企业或进口商选择安全可靠且价格合理的货运公司后，传真一份装运资料给工厂或者生产部门，工厂或生产部门开展装柜工作，随后应传真一份装货资料给出口公司业务部门。

货运公司或者生产工厂应在规定的时间内将符合装船条件的出口货物发送到港区内的指定仓库或者货场，以便顺利开展装船作业。注意，出口企业或者生产工厂在发货前要按照相关票据的内容核对货物品名、数量、唛头、配载船名和装货单号等信息，做到单货相符和船货相符。

11. 报检换单

如果生产工厂或者出口企业与装船港口不在同一个地方，则货物在生产工厂或出口企业所在地报检后，需要取得换单凭条，然后向装船港口所在地检验检疫机构申请换单，这样才能保证顺利报关。

很显然，并不是所有的外贸交易都有此环节的工作。

12. 办理通关手续

如果企业出口的商品属于法定检验的出口商品，必须办理出口商品检验证书。无论是出口企业自行报关还是委托报关，均须由持有报关证的专业人员持装货单、装箱单、发票、报关委托书（委托报关提供）、出口结汇核销单、出口货物合同副本以及出口商品检验证书等文本去海关办理通关手续。

如果出口企业委托第三方办理报关手续，还需要提供一份装柜资料，包括所装货物及数量、出口口岸、船公司、仓号、柜号、截关时间、拖车公司柜型及数量、本公司联系人和电话地址等内容。

经海关人员检查单证和货物，确认单货相符、船货相符以及手续齐备后，会在装货单上加盖放行章。对于出口货物，要经海关查验放行后才能开始装船。

13. 装船

海关放行后，发货单位（即出口企业）凭借海关加盖放行章的装货单，及时与港务部门和理货人员联系，查看现场货物。转船前，发货单位需要将经海关放行货物的装货单和收货单提交给理货人员，经过理货人员整理后，按照积载图和舱单清点货物，逐票分批接货装船。

在这个环节，出口企业也应根据货物的多少确定装船方式，可选择整装集装箱（即货柜）、拼装集装箱等。其中，拼装集装箱一般按照出口货物的体积或重量计算运费。

14. 发出装运通知、支付运费

如果外贸交易双方在合同中约定了需在装船时发出装船通知，则出口方应提醒船公司或货运公司及时发出，尤其是由进口方自行办理投保的情况。如果因为出口方延迟或没有发出装船通知导致进口方不能及时或没有投保而造成损失，出口商需要承担相应责任。

在该环节，船公司或货运公司还会为了正确核收运费而在出口货物集中港区仓库或货场后申请商检机构测量装船情况。

如果出口货物需要预付运费，船公司或代理人必须在收取运费后将运费预付提单发给托运人（出口企业、生产工厂、进口商等都有可能）。

如果出口货物采取到付运费，则在提单上注明运费到付，由船公司卸港代理在收货人提货前向收货人收取。

15. 获取提单

从前述内容可知，提单是出口企业办理完出口通关手续、海关放行后，由货运公司或船公司签出、供进口商提货与结汇使用的单据。

提单需要根据合同或者信用证的要求份数签发，这很重要，因为出口企业会凭借提单办理退税等业务，而进口商会凭借提单办理提货等手续。

除了提单以外，出口企业还可能应进口商的要求提供原产地证书或一般原产地证。原产地证书需在发货前由出口企业到当地出入境检验检疫机构申请办理；一般原产地证可以在中国贸易促进会办理。

如果是海运，出口企业应将提单正本、装箱单、发票、原产地证书或一般原产地证等票证寄给进口商，因为进口商必须持提单正本、装箱单和发票提取货物。

如果是空运，进口商可以直接凭借提单、装箱单和发票的传真件提取货物。

商检、租船订舱、运至指定地点、报检换单、办理通关手续、装船、发出装运通知、支付运费以及获取提单等环节属于外贸交易的发货阶段。

16. 制单结汇

出口货物发出后，出口企业应根据信用证的规定正确缮制装箱单、发票、提单、原产地证和出口结汇等单据。在信用证到期前或交单期限内，将这些单据递交给银行办理议付结汇手续。这里要区分不同的情况。

①如果采用信用证收汇方式，出口企业需要在规定的交单时间内备齐全部单证，严格审单并确保无误后，才交银行议付。

②如果采用预付一部分货款的电汇收汇方式，出口企业在取得提单后应立即将提单传真给进口商，要求其先预付一部分货款，待收到余款后再将提单正本和其他文件寄给进口商。

③如果采用付款交单的电汇收汇方式，通常出口企业要求进口商支付全部货款后才安排生产。这种情形下，出口企业收到提单后可以立即将提单正本寄给进口商。

此环节属于外贸交易中的交单议付阶段，后续就是了结付款事宜阶段和出口企业申报出口退税阶段，这两个阶段与外贸会计的工作息息相关，将在本书后续章节介绍。

在整个出口业务流程中，外贸企业的会计人员需要做的事情主要有以下：

①参与出口合同文本会签。

②参与信用证催证，即按出口合同约定，对于需要进口方开具信用证的业务，要求进口方开具信用证。

③在收到进口方开具的信用证且企业发运货物后，审核出库单，进行出库核算。

④收到装运提单并向银行办理交单后，确认并核算销售收入。

⑤货物发运出口后，通过银行收到的"收款通知单"办理出口结算。

⑥依照出口合同和装运单等单据，通过开户行办理出口收汇事务。

⑦每月在法定期限内向主管税务机关办理纳税申报。

⑧涉及退税的，每季度依法向主管出口退税的税务机关办理抵税、退税等手续，并记账核算；收到退税款时，要审核收款凭证，并记账核算。

3.1.2　认识出口业务常见的单证

出口业务可能涉及的单证在本章前面的内容中已经简单提及过，这里作一个简单的归纳，见表3-3。

表 3-3　出口业务常见单证

单证名称	简述
出口合同	出口合同是进口方与出口方依照法律，针对各自在贸易中的权利和义务进行协商所达成的具有法律约束力的协议。对于出口商来说，出口合同是为了销售产品而订立的，因此出口合同也称为销售合同或销售确认书
商业发票	外贸业务中的商业发票是出口方开立的载明了出口货物名称、数量和价格等内容的单据，作为进出口双方交接货物和结算货款的主要凭证，也是进出口双方索赔、理赔以及进口国确定征收进口关税和出口国确定出口退税的依据
进出口许可证	进出口许可证是国家机关给进出口商签发的允许其经营商品进口或出口的证书。进出口许可证实际上是一种制度，是我国与世界各国普遍采用的对外贸易管制手段之一
装箱单	装箱单是信用证结算方式下经常被要求提供的单据之一，用来记载出口货物包装情况、包装条件以及每件货物的毛重和净重等重要内容
报检委托书	针对某些货物，如机电、汽车等，海关会强制规定提交出入境通关单，此时出口企业可委托报检公司向国家出入境检验检疫机构报检；如果出口企业有自主报检权，可自行安排相关人员报检，不涉及报检委托书
出境货物报检单	出境货物报检单是我国质量监督检验检疫部门为了保证检验检疫工作的规范化和程序化而设置的，由保存人根据有关法律法规或合同约定请检验检疫机构对其出口的某种货物进行鉴定的书面凭证
出口货物报关单	出口货物报关单是由海关总署规定的具有统一格式和填制规范，由出口企业或其代理人填制并向海关提交的申报出口货物状况的法律文书。它是海关依法监管货物出口、征收关税及其他税费、编制海关统计及处理其他海关业务的重要凭证
代理报关委托书	代理报关委托书是托运人委托承运人或其代理人办理报关等通关事宜，明确双方权利和义务的书面文件。委托方（即托运人）应及时向承运人或其代理人提供报关报检所需的全部单证，并对单证的真实性、准确性和完整性负责
原产地证书	原产地证书是出口国特定机构向出口申请人出具的证明出口货物为该国家或地区原产的一种证明文件。该文件也是核定关税、确定采用哪种非关税措施以及国家贸易统计和制定政策的依据，外贸实务中可能涉及优惠性原产地证书、非优惠性原产地证书以及专用原产地证书等类型
出口货物托运单	出口货物托运单是托运人根据贸易合同与信用证条款内容填制的，由承运人或托运人的代理人办理货物托运的单证。承运人根据托运单内容，结合船舶的航线、挂靠港、船期和舱位等条件考虑，认为合适的，就接受出口方或其代理人的托运
出境货物通关单	出境货物通关单是国家有关机构依法对列入"出入境检验检疫机构实施检验检疫的进出境商品目录"（简称"法检目录"）以及虽未列入"法检目录"但国家有关法律、行政法规明确由出入境检验检疫机构实施检验检疫的出境货物以及特殊物品等签发的证明文书，用来证明出口货物发货人或其代理人已办理报验手续

续上表

单证名称	简述
出口收汇核销单	出口收汇核销单是由外汇局制发、出口单位借此向海关出口报关、向外汇指定银行办理出口收汇、向外汇管理局办理出口收汇核销、向税务机关办理出口退税申报的有统一编号及使用期限的凭证

很显然，出口业务可能涉及的单证包括但不限于上表这些。出口合同、进出口许可证、出境货物报检单、出口货物报关单、原产地证书、出口货物托运单、出境货物通关单以及出口收汇核销单等都具有比较标准或者统一的格式。其他单证的格式会因为公司或者经营需要的不同而不同。

3.1.3 牢记出口销售收入的确认原则

首先，自营出口销售收入的确认与计量，应遵循《企业会计准则第14号——收入》的规定。

其次，外贸会计要从销售收入确认条件、确认时间以及会计确认三个角度了解出口销售收入的确认原则。

1. 销售收入的确认条件

收入准则规定，企业应当在履行了合同中的履约义务，即在客户取得相关商品控制权时确认收入。对应出口贸易，就是说进口方取得进口货物的控制权时出口方确认收入。但是，实际对外贸易业务中，进口方取得进口货物的控制权的表现不一样。

很多时候将收到现金、汇票或支票作为客户取得相关商品控制权的替代。如果在合同开始日进出口双方之间签订的合同就同时满足下列条件，则出口企业在后续期间无需对合同进行重新评估，除非有迹象表明相关事实和情况发生重大变化：

①合同各方已批准该合同并承诺将履行各自义务。

②该合同明确了合同各方与所转让商品或提供劳务（以下简称"转让商品"）相关的权利和义务。

③该合同有明确的与所转让商品相关的支付条款。

④该合同具有商业实质，即履行该合同将改变企业未来现金流量的风险、时间分布或金额。

⑤企业因向客户转让商品而有权取得的对价很可能收回。

如果在合同开始日外贸合同不符合收入准则第五条规定，企业应当对合同进行持续评估，并在其满足收入准则第五条规定时按照相应条款的要求进行账务处理。这种情形下，出口企业只有在不再负有向进口商转让商品的剩余义务且已经向进口商收取了对价无须退回时，才能将已收取的对价确认为销售收入；否则应将已收取的对价作为负债（即预收账款）进行账务处理。

2. 销售收入的确认时间

出口企业在确认销售收入时，还应熟悉销售收入的确认时间。收入准则将履行一个单项履约义务的时间分为两大类：一是时点履约，二是时段履约。而且，一项履约义务要么是时点履约，要么是时段履约，不可能既有时点履约又有时段履约。

收入准则对一项履约义务属于时点履约还是时段履约做了规定，外贸会计要熟知，这对账务处理有很大影响。满足下列条件之一的，属于在某一时段内履行履约义务，否则属于在某一时点履行履约义务：

①客户在企业履约的同时即取得并消耗企业履约所带来的经济利益。

②客户能够控制企业履约过程中在建的商品。

③企业履约过程中所产出的商品具有不可替代的用途，且该企业在整个合同期间内有权就累计至今已完成的履约部分收取款项。

> **TIPS** 关于"具有不可替代用途"等概念的理解
>
> 具有不可替代用途，是指因合同限制或实际可行性限制，企业不能轻易地将商品用于其他用途。
>
> 有权就累计至今已完成的履约部分收取款项，是指在由于客户或其他方面原因终止合同的情况下，企业有权就累计至今已完成的履约部分收取能够补偿其已发生成本和合理利润的款项，并且该权利具有法律约束力。

对于在某一时段内履行的履约义务，企业应当在该段时间内按照履约进度确认收入，但是，履约进度不能合理确定的除外。企业应当考虑商品的性质，采用产出法或投入法确定恰当的履约进度。其中，产出法是根据已转移给客户的商品对于客户的价值确定履约进度；投入法是根据企业为履行履约义务的投入确定履约进度。对于类似情况下的类似履约义务，企业应当采用相同的方法确定履约进度。

当履约进度不能合理确定时，企业已经发生的成本预计能够得到补偿的，应当按照已经发生的成本金额确认收入，直到履约进度能够合理确定为止。

对于在某一时点履行的履约义务，企业应当在客户取得相关商品控制权时确认收入。

外贸企业先收汇后发货的，以确认发货时间作为收入实现的时间。

3. 销售收入的会计确认

外贸企业出口商品应按照收入准则的相关规定合理确认销售收入，并按时入账。

出口商品销售收入是外贸企业申请出口退（免）税的依据。出口商品不管以什么方式成交，都要以离岸价为计税依据进行核算并申报出口退（免）税。

而出口商品销售收入的确认不仅与商品本身的价格与运杂费等有关，还与外汇汇率的确定，境外运、保、佣的冲减以及出口商品退运等有关。

出口贸易的方式不同，其销售收入的确认方法也不同，简单介绍见表3-4。

表3-4 不同出口方式对应的销售收入确认方法

出口贸易方式	销售收入确认方法
自营出口贸易	海、陆、空运，均在取得运单并到银行办理交单后确认出口销售收入，且入账金额均以离岸价为基础；以离岸价以外的价格条件成交的，其发生在境外的运输保险和佣金等费用支出均应作冲减销售收入处理，换句话说就是不计入销售收入

续上表

出口贸易方式	销售收入确认方法
委托外贸企业代理出口贸易	应在收到外贸企业代办的运单并去银行办理交单后确认收入,入账金额与自营出口贸易的销售收入入账金额相同,即以离岸价为基础。而支付给外贸企业的代理费用应作为出口产品的销售费用,不能冲减出口商品的销售收入
来料加工复出口贸易	应在收到成品出运单且去银行办理交单后确认收入,入账金额也与自营出口贸易的销售收入入账金额相同,即以离岸价为基础。如果外商来料的原辅料不作价,在核算来料加工复出口的商品销售收入时应按工缴费收入入账;如果外商来料的原辅料作价,在核算来料加工复出口的商品销售收入时应按合约规定的原辅料款和工缴费一起入账。 注意,如果是外商投资企业委托外贸企业加工收回后复出口的,受托企业可以要求委托企业向其主管出口退税的税务机关申请出具来料加工免税证明,这样受托企业就可以在收取加工费时据此免征增值税
国内深加工结转贸易	它也被称为间接出口贸易,是国内企业以进料加工贸易方式进口原材料,并加工成商品后报关结转销售给境内加工企业的一种贸易方式,而这个境内加工企业深加工后再复出口。这种贸易方式下,外贸公司的出口商品销售收入的确认与内销业务大致相同

3.2 自营出口业务的核算

自营出口业务对外贸企业来说有明显特点,即出口销售收入归外贸企业自有,商品进价、与出口业务有关的一切国内外运费及佣金等支出均由外贸企业自己全部或部分负担,出口销售业务的盈亏由外贸企业自担。

为了准确反映外贸企业出口商品的销售收入、成本和盈亏,企业需设置"主营业务收入"和"主营业务成本"两个账户来核算账目。这两个账户的核算内容大致如下:

①主营业务收入,借方核算冲销出口销售收入的境外运费、保险费、佣金、销售退回、出口理赔以及期末结转的出口销售收入等;贷方核算具体的出口销售收入。

②主营业务成本,借方核算外贸公司发生的商品进价或者生产某产品投入的成本;贷方核算冲减销售退回对应的出口商品成本以及期末结转的

出口销售成本。

除此以外，企业还需设置应收账款、应收票据、预收账款和库存商品等账户。下面学习具体的自营出口业务的核算内容。

3.2.1 购进出口商品的账务核算

与一般企业的账务处理一样，外贸公司需要核算出口货物的购进金额和进项税额。如果是生产企业出口自产货物，购进原材料环节的账务处理与一般生产企业内销业务一样，这里不作详述。

购进出口商品的入账时间应以取得出口商品所有权或实际控制权的时间为准，即出口企业取得商品入库单和增值税专用发票等有关凭证。

购入自营出口商品时，由于结算方式和采购地点的差异，商品入库和货款支付在时间上并不一定同步，因此，账务处理需区分不同情况，具体见表3-5。

表3-5 购进自营出口货物的账务处理情形

情形	账务处理
发票等与商品同时到达	在商品验收入库后编制会计分录。 借：库存商品——自营出口商品（按商品的实际成本入账） 　　应交税费——应交增值税（进项税额）（按专用发票注明的税额入账） 贷：银行存款/应付账款/应付票据等（按实际支付的款项或应付项入账）
已经取得发票等凭证或已经支付货款但尚未收到商品	①根据发票等凭证编制会计分录。 借：在途物资——自营出口商品（按商品的实际成本入账） 　　应交税费——应交增值税（进项税额）（按专用发票注明的税额入账） 贷：银行存款/应付账款/应付票据等（按实际支付的款项或应付项入账） ②等商品到达指定地点并验收入库后，根据收货单编制会计分录。 借：库存商品——自营出口商品（按商品的实际成本入账） 贷：在途物资——自营出口商品（按商品的实际成本入账）
商品已经验收入库但尚未收到发票等凭证	①如果商品已经验收入库，但尚未收到发票等凭证，且货款尚未支付。 借：库存商品——自营出口商品（按商品的暂估成本入账） 　　应交税费——应交增值税（进项税额）（按暂估税额入账） 贷：应付账款——暂估应付账款（按商品的暂估成本入账）

续上表

情形	账务处理
商品已经验收入库但尚未收到发票等凭证	②如果月末仍然没有收到发票等凭证，保持前述会计分录，不另行做账。到下月初先用红字发票编制相同的会计分录予以冲回，待收到发票等凭证后，再按实际金额编制如下会计分录。 借：库存商品——自营出口商品（按商品的实际成本入账） 　　应交税费——应交增值税（进项税额） 　贷：应付账款/银行存款/应付票据等

下面来看具体的实例。

实例讲解 购进出口商品不同情形的账务处理

某进出口公司为增值税一般纳税人，3月的某天从本地购进一批女装，已经验收入库，同时收到供应商开具的增值税专用发票，注明价格80 000.00元，税额为10 400.00元。所有货款已经支付，编制会计分录：

借：库存商品——自营出口商品——女装　　　　80 000.00
　　应交税费——应交增值税（进项税额）　　　10 400.00
　贷：银行存款　　　　　　　　　　　　　　　90 400.00

如果购进女装当天该进出口公司收到了增值税专用发票，但商品尚未到达公司指定位置，此时货款也已经支付完毕，编制会计分录：

借：在途物资——自营出口商品——女装　　　　80 000.00
　　应交税费——应交增值税（进项税额）　　　10 400.00
　贷：银行存款　　　　　　　　　　　　　　　90 400.00

当收到这批女装并验收入库时，编制会计分录：

借：库存商品——自营出口商品——女装　　　　80 000.00
　贷：在途物资——自营出口商品——女装　　　80 000.00

如果这批女装在当天就验收入库，但公司尚未收到供应商的增值税发票，货款尚未支付，编制会计分录：

借：库存商品——自营出口商品——女装（按暂估价格入账）
　　应交税费——应交增值税（进项税额）（按暂估税额入账）

贷：应付账款——暂估应付账款（按暂估应付的款项入账）

这里未告知暂估价格是多少，所以会计分录中未标注金额数。

待收到发票等凭证并支付货款后，先用红字编制相同的会计分录，然后再用蓝字编制正确的会计分录，如下：

借：库存商品——自营出口商品——女装　　　　80 000.00
　　应交税费——应交增值税（进项税额）　　　　10 400.00
　贷：银行存款　　　　　　　　　　　　　　　　90 400.00

如果购进货物时不能确定是用于出口还是用于内销，会计人员应先将购进货物记入出口库存账，用于其他用途时再从出口库存账转出。

另外，根据规定，企业采购出口商品时，如果运杂费不包含在商品价格里，而是单独核算，那么即使运杂费取得了相应的增值税发票，其进项税额也不予出口退税。会计核算时，可以将这些运杂费及对应的增值税一并计入"销售费用"科目。

3.2.2　购进出口商品特殊情况的账务核算

购进出口商品的特殊情况包括但不限于进货退回、退补价、购进商品发生短缺或溢余等。

1. 进货退回

进货退回是指外贸企业购进商品并验收入库后，因数量、质量、品种和规格等与合同要求不符而将商品退回给供应商的行为。

有人可能会问，不是要验收合格以后才做验收入库吗？为什么还会在验收入库后发现商品有问题？这是因为外贸企业进货量可能会很大，对于原装整件包装的商品通常采取抽样检查的验收方式，因此就可能在验收入库后发现商品有问题。

此时，外贸企业应及时与供应商联系，调换商品或做进货退回处理。在发生进货退回时，会计人员应按照相关规定要求供应商开出红字专用发票，并据以进行进货退回业务的核算。下面来看一个实例。

实例讲解 出口企业购进货物发生退回的业务核算

某外贸公司为增值税一般纳税人，年初向某供应商购进了一批女装，共 5 000 件，每件 200.00 元，货款已全部付清。验收入库后复验时发现其中有 300 件的质量不符合合同要求，经联系后供应商同意退货。

① 收到供应商退货的红字专用发票，退货款 60 000.00 元，退增值税税额 7 800.00 元。

借：应收账款——××公司　　　　　　　　　　　　67 800.00
　　贷：库存商品——自营出口商品　　　　　　　　60 000.00
　　　　应交税费——应交增值税（进项税额转出）　　7 800.00

② 实际收到对方的退款。

借：银行存款　　　　　　　　　　　　　　　　　67 800.00
　　贷：应收账款——××公司　　　　　　　　　　67 800.00

2. 购进商品退补价

外贸企业向供应商购进商品时，可能会遇到供应商因为自己的疏忽而在发票上开错单价或价格，从而双方需要调整商品货款，这时就会发生商品退补价的情况。

在发生商品退补价时，会计人员需督促供应商填制更正发票并交给公司，然后再据此进行退补价业务的核算。此时的账务处理会因为情形不同而有差异，见表 3-6。

表 3-6　购进商品退补价的账务处理

情形	账务处理
退款—商品尚未售出	退款说明购进商品原来的结算进价高于实际进价，供应商应将高于实际进价的差额退还给外贸公司，此时外贸公司会计人员做账。 借：应收账款——××公司 　　贷：库存商品——自营出口商品 　　　　应交税费——应交增值税（进项税额转出）

续上表

情形	账务处理
退款—商品已经售出	借：应收账款——××公司 　　贷：主营业务成本——自营出口销售成本 　　　　应交税费——应交增值税（进项税额转出）
补款—商品尚未售出	补款说明购进商品原来的结算进价低于实际进价，外贸企业应将低于实际进价的差额补给供应商，此时外贸公司会计人员做账。 借：库存商品——自营出口商品 　　应交税费——应交增值税（进项税额） 　　贷：应付账款——××公司
补款—商品已经售出	借：主营业务成本——自营出口销售成本 　　应交税费——应交增值税（进项税额） 　　贷：应付账款——××公司

下面来看一个具体的实例，比较上述四种情况的账务处理。

实例讲解 出口企业购进货物发生退补价的业务核算

某外贸公司为增值税一般纳税人，向A供应商购进一批待出口女装，共2 000件，每件400.00元，商品已全部验收入库，款项已付清。后来某一天收到供应商开具的红字更正发票，注明每件商品单价应为380.00元，应退货款40 000.00元，对应的增值税税额为5 200.00元，退款尚未收到。

①如果该批女装尚未出口。

借：应收账款——A公司　　　　　　　　　　　　45 200.00
　　贷：库存商品——自营出口商品　　　　　　　40 000.00
　　　　应交税费——应交增值税（进项税额转出）　5 200.00

②如果该批女装已经出口。

借：应收账款——A公司　　　　　　　　　　　　45 200.00
　　贷：主营业务成本——自营出口销售成本　　　40 000.00
　　　　应交税费——应交增值税（进项税额转出）　5 200.00

③如果后来的某一天收到供应商开具的红字更正发票，注明每件商品单价应为420.00元，则外贸公司应向供应商补付40 000.00元，对应的增值税税

额为 5 200.00 元，补款尚未支付，这批女装尚未出口。

  借：库存商品——自营出口商品   40 000.00
    应交税费——应交增值税（进项税额） 5 200.00
    贷：应付账款——A 公司   45 200.00

④如果需要补款，补款尚未支付，但这批女装已经对外出口。

  借：主营业务成本——自营出口销售成本   40 000.00
    应交税费——应交增值税（进项税额） 5 200.00
    贷：应付账款——A 公司   45 200.00

3. 购进商品发生短缺或溢余

购进商品发生短缺是指购进的商品实际入库数量少于合同或订单约定的数量；发生溢余是指购进的商品实际入库数量多于合同或订单约定的数量。如果发生短缺或者溢余，会计人员除了要根据实际入库数量核算入账，还需查明短缺或溢余的原因，及时处理。

购进商品发生短缺和溢余的账务处理显然是不同的，见表 3-7。

表 3-7 购进商品发生短缺和溢余的账务处理

情形	账务处理

购进商品短缺	①购进商品发生短缺，在查明原因前，通讨"待处理财产损溢"科目核算。
	 借：待处理财产损溢——待处理流动资产损溢
	   贷：在途物资/库存商品
	     应交税费——应交增值税（进项税额转出）
	②经查明，如果是供应商少发货导致购进商品短缺，可以要求供应商做退款处理，收取对方开具的红字发票。
	 借：应收账款——××公司
	   贷：待处理财产损溢——待处理流动资产损溢
	如果是因自然灾害等原因造成的商品短缺，经批准应列作"营业外支出"。
	 借：营业外支出
	   贷：待处理财产损溢——待处理流动资产损溢
	如果可以由保险公司赔偿，则根据实际赔偿情况做账。
	 借：其他应收款——赔偿款
	   贷：待处理财产损溢——待处理流动资产损溢

续上表

情形	账务处理
购进商品溢余	①购进商品发生溢余，在查明原因前，通过"待处理财产损溢"科目核算。 借：在途物资 / 库存商品 　　应交税费——应交增值税（进项税额） 　　贷：待处理财产损溢——待处理流动资产损溢 ②查明原因后，供应商多发商品，可以与供应商联系，要求其补开增值税发票，然后做商品购进处理。 借：在途物资 / 库存商品 　　应交税费——应交增值税（进项税额） 　　贷：应付账款——××公司

下面来看一个具体的实例。

实例讲解 出口企业购进货物发生短缺或溢余的业务核算

某外贸公司为增值税一般纳税人，向B供应商购进一批待出口女装，共3 000件，每件300.00元，货款共900 000.00元，增值税税额117 000.00元，款项已经支付，且收到供应商开具的增值税专用发票。后续货物验收时，发现只有2 900件，短缺了100件，对应货款30 000.00元，增值税税额3 900.00元。

①外贸公司收到发票并支付货款。

借：在途物资——自营出口商品　　　　　　　　900 000.00
　　应交税费——应交增值税（进项税额）　　　117 000.00
　　贷：银行存款　　　　　　　　　　　　　1 017 000.00

②发现购进商品短缺。

实际转为库存商品的金额 =900 000.00−30 000.00=870 000.00（元）

借：库存商品——自营出口商品　　　　　　　　870 000.00
　　待处理财产损溢——待处理流动资产损溢　　 33 900.00
　　贷：在途物资——自营出口商品　　　　　　900 000.00
　　　　应交税费——应交增值税（进项税额转出）　3 900.00

③经查明，是供应商少发商品，双方协商做退款处理，收到供应商开具的红字发票，款项尚未收到。

借：应收账款——B 公司　　　　　　　　　　　　33 900.00
　　贷：待处理财产损溢——待处理流动资产损溢　　33 900.00

④如果后续验收货物时发现有 3 100 件，溢余了 100 件，那么发现购进商品溢余时做账。

实际转为库存商品的金额 =3 100×300.00=930 000.00（元）

借：库存商品——自营出口商品　　　　　　　　930 000.00
　　贷：在途物资——自营出口商品　　　　　　　900 000.00
　　　　待处理财产损溢——待处理流动资产损溢　 30 000.00

⑤经查明，溢余的 100 件女装是供应商多发货，经双方协商，做购进商品处理，供应商已经补开了增值税发票，货款尚未支付。

借：待处理财产损溢——待处理流动资产损溢　　30 000.00
　　应交税费——应交增值税（进项税额）　　　 3 900.00
　　贷：应付账款——B 公司　　　　　　　　　　33 900.00

如果经双方协商，做退回供应商处理。

借：待处理财产损溢——待处理流动资产损溢　　30 000.00
　　贷：库存商品——自营出口商品　　　　　　　30 000.00

TIPS 取得其他进项的账务核算简述

外贸企业在经营过程中也会涉及办公用品的购买、教育培训支出、差旅费支出等。一般来说，如果企业只有自营出口的免税业务，那么前述这些经济行为对应的进项税额就不可以抵扣；如果企业出口的同时还兼营内销和进口等业务，那么前述这些经济行为对应的进项税额就可以抵扣。当然，税法对此没有明确规定，所以是否可以抵扣，企业还需与主管税务机关沟通确认。

如果上述这些经济行为对应的进项税额不能抵扣，则需要对相应增值税进项税额做转出处理，方法与一般内销业务的税额转出处理一样。

3.2.3 出口商品销售及支付佣金的账务核算

出口商品销售业务通常采用信用证结算，而整个核算过程包括收到预收款，商品出库，支付国内费用，确认出口销售收入，结转出口销售成本，核算境外运保费，收汇、结汇、支付佣金以及出口退税等。出口实务中，佣金的支付有时也会在确认出口销售收入时发生。

1. 收到预收款

有些外贸企业为了防止进口商变卦或者货到后不付款等风险，会在签订出口合同时先向进口商收取一部分预收款。此时需要核算业务并入账。

借：银行存款——外币户

贷：预收账款——预收外汇账款

如果企业没有设置"预收账款——预收外汇账款"账户，可以将预收款记入"应收账款——应收外汇账款"科目的贷方，表示应收账款减少。

2. 商品出库

当出口商品完成出库开始运输，财务部收到仓管部门开具的出库单，会计人员需要核算入账。

借：发出商品——自营出口商品

贷：库存商品——自营出口商品

3. 支付国内各项费用

外贸企业出口商品需要支付的国内各项费用包括国内运费、出口专用包装费、报检费、报关费和快递费等。会计人员要将这些国内费用记入"销售费用"账户。

由于出口商品免税，因此这些国内费用对应的增值税进项税额不予抵扣。发生这些费用时及时核算入账。

借：销售费用——运费/包装费/报检费/报关费/快递费等

贷：银行存款

4. 确认出口销售收入

出口商品办理报关手续后，外贸企业取得运输单据或已经向银行交单，应及时确认出口销售收入。

出口商品已经装船装车并取得已装船提单或铁路运单时，外贸会计人员应根据信用证或出口合同的规定，将全套出口单证交给银行，委托银行向进口方索取货款，及时核算入账。

借：应收账款——应收外汇账款

贷：主营业务收入——自营出口销售收入

需要特别注意的是，如果出口合同约定了明佣，此时需要按照合同约定将佣金记入"主营业务收入"科目的贷方，且以红字记录。

借：应收账款——应收外汇账款（扣除佣金后的货款净额）

贷：主营业务收入——自营出口销售收入——货款（货款全额）

——自营出口销售收入——出口佣金（红字）

TIPS 外贸业务中的明佣与暗佣

明佣又称发票内佣金，是指外贸交易中需要在出口合同、信用证或发票等相关凭证上公开列明的金额，境外客户在支付货款时会直接扣除。表示方法通常写在贸易术语之后，如"FOBC6%"，代表含6%佣金的货物价格。出口企业根据扣除佣金后的销售货款净额收取货款，不再另付佣金。虽然不需要另付，但在出口销售收入的核算中应单独反映佣金，将这部分费用冲减销售收入。

暗佣又称发票外佣金，是指出口企业在向购买方报价时，不在合同中明确佣金率，不在出口发票上列示佣金金额，而是与中间商按事先约定另付佣金。注意，此时出口企业应先根据销售总额确认收入并收取货款，然后另付佣金并确认为销售费用。

如果出口业务的进出口双方之间采取暗佣方式，无论是议付佣金还是汇付佣金，都需要在确认收入时计提销售费用。

借：销售费用——出口佣金

贷：其他应付款——出口佣金

出口商品销售收入的入账金额以离岸价（FOB 价）为基础；以离岸价以外价格条件（如 CIF、CFR 等）成交的出口商品，其发生在境外的运输保险和佣金等支出，应冲减销售收入或计入其他应付款。

实务中，外贸企业的记账汇率通常采取当日即期汇率或出口当月第一个工作日人民币汇率中间价。由此可见，进出口业务需要及时登记入账，否则汇率变动会影响账务正确性。

5. 结转出口销售成本

实际上，出口商品销售成本的结转应与销售收入的确认同时进行。另外，由于外贸企业一般先有境外订单，再采购或生产相关商品，因此库存出口商品通常采取个别计价法核算。

外贸企业在出口销售时，应先备齐发票、装箱单和其他出口单证，然后将产品出库交给对外运输单位，办理出口手续。由于公司发出商品时尚未达到出口销售收入确认条件，因此在会计核算时通常先通过"发出商品"科目核算，参考本节"2. 商品出库"的账务核算。而结转出口销售成本的核算在确认销售收入时进行。

借：主营业务成本——自营出口销售成本

贷：发出商品——自营出口商品

6. 核算境外运保费

出口业务对应的运保费即运费和保险费，运费可能是海运费、空运费或陆运费，其中，海运费是指运费单据上注明的海运费，不包括内陆运费、吊装费和口岸杂费等其他费用，这些费用应确认为销售费用。保险费就是前面章节介绍过的海运保险费用，这里不再赘述。

实务中，会计核算境外运保费时有两种处理方式可供选择，一是会计和税务上均按 FOB 价确认收入，运保费通过"其他应付款"科目核算；二是会计上先按 CIF 价确认收入，即运保费计入出口销售收入，在实际支付运保费时再冲减出口销售收入。

①会计和税务上均按 FOB 价确认收入。

在确认出口销售收入时，预提运保费，冲减本期出口销售收入。

借：主营业务收入——自营出口销售收入

　　贷：其他应付款——应付外汇账款——预计运保费

出口企业收到经审核的保险公司递送的出口运输保单、发票或清单时，支付运保费，冲销其他应付款。

借：其他应付款——应付外汇账款——预计运保费

　　贷：银行存款

当实际支付运保费与预期运保费有差异时，本期差额计入"主营业务收入——自营出口销售收入"科目，实际支付的运保费多，则冲销其他应付款的会计分录借方还应加上"主营业务收入——自营出口销售收入"科目；实际支付的运保费少，则冲销其他应付款的会计分录贷方应加上"主营业务收入——自营出口销售收入"科目。

如果实际支付运保费与预期运保费的差额表现为跨期差额，需计入"以前年度损益调整"科目。

②会计上先按 CIF 价确认收入，后续冲减收入。

借：应收账款——应收外汇账款

　　贷：主营业务收入——自营出口销售收入（按 CIF 价入账）

借：主营业务收入——自营出口销售收入（按运保费金额入账）

　　贷：银行存款

7　收汇、结汇、支付佣金

出口销售业务的收汇可简单理解为收款，是外币从境外汇入境内指定收汇银行外币账户的过程，是外汇款项。目前，我国允许外贸企业在一定条件下保留现汇，企业可根据汇率的长短期变化趋势、人民币资金账户的头寸数额以及支付外币运保佣等因素，选择保留现汇或立即结汇。

注意，外贸企业出口业务实现的销售收入，应将确认出口销售收入时的汇率与实际收汇时的汇率进行区分，确认出口销售收入时使用当日即期汇率，实际收汇时按照收汇结算当日银行现汇买入价折合成人民币入账，两者的差额就是前面介绍的计入汇兑损益，具体可参考前面章节的内容。

出口企业收汇时还需要支付银行手续费，所以实际收汇金额会少于进口方汇款金额，支付给银行的手续费应计入"财务费用"科目。如果进出口双方前期约定采取明佣方式结算，收汇时实际收汇金额将是扣除佣金和银行手续费后的余额。

①收汇时做账。

借：银行存款——外币户（按现汇买入价入账）

　　财务费用——手续费

　　　　　　——汇兑损益（损失记借方，收益记贷方）

　　贷：应收账款——应收外汇账款（按扣除佣金后的货款净额入账）

②结汇时，按照结汇当日的现汇卖出价核算入账。如果前期出口方与中间商约定采用暗佣方式中的议付佣金，则结汇时银行还会从货款总额中扣留佣金，会进一步减少出口方实际收汇金额，同时要确认销售费用。

借：银行存款——人民币户（按结汇日的现汇卖出价入账）

　　财务费用——汇兑损益（损失记借方，收益记贷方）

　　其他应付款——出口佣金

　　贷：银行存款——外币户（货款扣除佣金后的金额按现汇买入价入账）

如果前期出口方与中间商约定采用暗佣方式中的汇付佣金，则结汇时按照实际应该收取的货款总额入账核算；待实际向中间商支付佣金时，再另外按照实际支付金额核算。

借：银行存款——人民币户（按结汇日的现汇卖出价入账）

　　财务费用——汇兑损益（损失记借方，收益记贷方）

　　贷：银行存款——外币户（按现汇买入价入账）

借：其他应付款——出口佣金

　　贷：银行存款——外币户

根据税法规定，佣金需要代扣代缴相关税费，具体业务核算需要根据实际情况确定。

8. 出口退税

申报退税时，根据相关凭证做账。

借：其他应收款——应收出口退税

贷：应交税费——应交增值税（出口退税）

财务部门收到退税款时，根据相关凭证做账。

借：银行存款

贷：其他应收款——应收出口退税

下面通过一个具体的实例来学习出口销售业务涉及的众多核算工作。

实例讲解 出口商品正常销售的核算工作

某外贸公司为增值税一般纳税人，2月1日与美国某公司签订出口合同，货款总额为30.45万美元（CIF价）。该批商品的国内采购成本为150.00万元，当天发出商品，且收到美国公司支付的预付款15.00万美元，当日汇率为USD1=CNY7.104 9。

另外，公司与中间商约定采取暗佣方式中的汇付佣金支付佣金，为货款总额的3%。2月19日，该外贸公司向银行交单。

2月20日，支付国内运费1.50万元。2月21日支付海运费0.30万美元和境外保险费0.15万美元，且均以自有外汇账款支付，当日汇率为USD1=CNY7.103。2月28日，收到美国公司的尾款15.45万美元，当日汇率为USD1=CNY7.107 5。2月29日，以外汇账款向中间商支付佣金，当日汇率为USD1=CNY7.103 6。相关账务处理如下，暂不考虑相关税费问题。

①2月1日签订合同，发出商品，收到预收款。

借：发出商品——自营出口商品——××   1 500 000.00

    贷：库存商品——自营出口商品——××   1 500 000.00

预收款的入账金额=150 000.00×7.104 9=1 065 735.00（元）

借：银行存款——美元户   1 065 735.00

    贷：预收账款——预收外汇账款——×× 公司   1 065 735.00

② 2月19日向银行交单，确认出口销售收入并结转出口销售成本。同时计提暗佣佣金。

主营业务收入的入账金额 =304 500.00×7.104 9=2 163 442.05（元）

借：应收账款——应收外汇账款——××公司　　1 097 707.05
　　预收账款——预收外汇账款——××公司　　1 065 735.00
　　　贷：主营业务收入——自营出口销售收入　　2 163 442.05
借：主营业务成本——自营出口销售成本　　1 500 000.00
　　贷：发出商品——自营出口商品——××　　1 500 000.00

暗佣佣金的入账金额 =304 500.00×7.104 9×3%=64 903.26（元）

借：销售费用——出口佣金　　64 903.26
　　贷：其他应付款——出口佣金　　64 903.26

③ 2月20日支付国内运费。

借：销售费用　　15 000.00
　　贷：银行存款——人民币户　　15 000.00

④ 2月21日以外汇账款支付海运费和境外保险费。

海运费和境外保险费的入账金额之和 =3 000.00×7.103+1 500.00×7.103=21 309.00+10 654.50=31 963.50（元）

借：主营业务收入——自营出口销售收入　　31 963.50
　　贷：银行存款——美元户　　31 963.50

⑤ 2月28日收到该笔订单的尾款，确认汇兑损益。

尾款的入账金额 =154 500.00×7.107 5=1 098 108.75（元）

汇兑损益 =1 098 108.75-1 097 707.05=401.70（元）

由此可见发生了汇兑收益，应冲减财务费用，记贷方。

借：银行存款——美元户　　1 098 108.75
　　贷：应收账款——应收外汇账款——××公司　　1 097 707.05
　　　　财务费用——汇兑损益　　401.70

⑥ 2月29日，以外汇账款向中间商支付佣金。

支付佣金的入账金额 =304 500.00×3%×7.103 6=64 891.39（元）

汇兑损益 =64 891.39-64 903.26=-11.87（元）

由此可见，最终支付的佣金入账金额小于计提的佣金金额，产生汇兑收益，应冲减财务费用，记贷方。

借：其他应付款——出口佣金　　　　　　　64 903.26
　　贷：银行存款——美元户　　　　　　　64 891.39
　　　　财务费用——汇兑损益　　　　　　　　 11.87

如果该外贸公司保留现汇，则不涉及结汇业务；如果外贸公司要将收到的外汇账款兑换成人民币，属于结汇业务，需相应做账。

假设2月29日，外贸公司会计人员收到银行通知该笔货款已经出具结汇水单，水单显示当日银行买入价为7.186元，境外银行扣除费用304.50美元。

货款的最终入账金额=（15.45×10 000.00-304.50）×7.186=1 108 048.86（元）

汇兑损益=1 108 048.86-1 097 707.05=10 341.81（元）

由此可见，最终入账金额大于前期确认的应收外汇账款金额，产生汇兑收益，应冲减财务费用，记贷方。

借：银行存款——人民币户　　　　　　　1 108 048.86
　　贷：银行存款——美元户　　　　　　　1 097 707.05
　　　　财务费用——汇兑损益　　　　　　　　10 341.81

如果进出口双方在出口合同中约定采取明佣方式支付佣金，则会计分录会有差异，感兴趣的话可以自行研究，这里不作详述。

3.2.4　出口商品退关及销货退回的账务核算

外贸企业出口的商品发生退关，其账务处理比较简单，因为退关是指出口商品发货出库后因某些原因未能装运出口，商品重新运回仓库的行为。此时企业的储运部门在接到业务部门转来的出口商品止装通知单后将已发出的商品提回，并办理入库手续。而会计人员通常只需要按照已经编制的会计分录分别编制相反的会计分录即可，这里不作详述。

出口商品销货退回与内销业务中的销售退回是一样的，即商品出口销售后因故遭到境外进口方的退货。会计人员在收到运回商品的海运提单时，需区分具体情况进行核算。

①根据出口商品的提单和原发票复印件等凭证，转销出口销售收入，同时冲销原结转的出口销售成本。

　　借：主营业务收入——自营出口销售收入——××商品

　　　　贷：应收账款——应收外汇账款——××公司

　　借：在途商品——境外退货

　　　　贷：主营业务成本——自营出口销售成本——××商品

注意，如果出口企业已经收到进口方的货款，则上述第一个会计分录的贷方科目应为"应付账款——应付外汇账款——退货退款"科目。

②退回商品入库，增加库存商品账面余额。

　　借：库存商品——出口库存商品

　　　　贷：在途商品——境外退货

③冲销原出口时支付的境外运费、保险费以及境内运费和装卸费等，借助"待处理财产损溢"科目实现。

　　借：待处理财产损溢——待处理流动资产损溢

　　　　贷：销售费用——境内运费和装卸费

　　　　　　　　　——境外运费和保险费

④如果出口企业支付佣金的方式是明佣，原本就不计入主营业务收入，当发生销售退回时就不会影响收入的冲减，不需要做账。但如果支付佣金的方式是暗佣，则需要做账。

　　借：其他应付款——出口佣金

　　　　贷：销售费用——出口佣金

⑤因商品退回发生的其他境内外费用，入账核算。

　　借：待处理财产损溢——待处理流动资产损溢

　　　　贷：银行存款

⑥确认国外退货损失。会计人员应在报批后根据责任人失误、发生意

外、管理不善等原因，分别通过"其他应收款""营业外支出"和"管理费用"等科目核算。

　　借：其他应收款/营业外支出/管理费用等

　　　　贷：待处理财产损溢——待处理流动资产损溢

　　⑦如果被退回的出口商品已经申报退税，税务人员还需要到主管税务机关申请办理已补税证明，补缴应退税款。

　　借：应交税费——应交增值税（出口退税）

　　　　贷：其他应收款——应收出口退税

　　　　　　主营业务成本——自营出口销售成本（按征退税率之差计算）

　　如果退回的商品还涉及转做内销处理，除了冲销出口销售成本，补缴应退税款，还需按有关金额计算内销货物的进项税额，入账核算。

　　⑧如果退回调换商品，不论全部或者部分，除了应按照前述流程冲转销售成本和销售收入外，在重新发货时还应按照正常流程确认出口销售收入并结转出口销售成本，同时重新报关出口时再按规定办理申报退税手续。当然，如果调换的出口货物品种和数量与原出口货物的一致，则对原销售业务影响不大，也可以简化账务处理。

　　下面来看一个具体的实例。

实例讲解　出口商品发生销售退回的业务核算过程

　　某外贸公司为增值税一般纳税人，2月向境外某公司出口一批女装，境内总采购成本为12.00万元，出口发票列明CIF24 000.00美元，扣除2%的出口佣金（即480.00美元），销货净额为23 520.00美元，当日汇率为USD1=CNY7.101 8。发生境内运费0.12万元，海运费600.00美元，海运保险费360.00美元，支付海运费和保险费当日的汇率为USD1=CNY7.106 4。

　　后续收到货款，当日汇率为USD1=CNY7.107 5。然而，当月这批女装因故被进口商退回，发生境内外费用9 000.00元。

　　这里不再详细介绍出口企业出口商品销售业务的核算，直接核算出口商品发生销售退回的账目。

①出口企业财务部门收到退回商品的海运提单，会计人员要先冲销主营业务收入和原结转的销售成本。

因为采用明佣方式，当初出口销售时确认的"主营业务收入"科目的入账金额分为商品的170 443.20元（24 000.00×7.101 8）和出口佣金的-3 408.86元（-480.00×7.101 8），"应收账款——应收外汇账款——××公司"科目的金额共167 034.34元（23 520.00×7.101 8）。这是"应收账款"科目的账面余额。

而收到销货款时由于汇率与确认收入时不同，公司实际收到的货款折算为人民币为167 168.40元（23 520.00×7.107 5），比应收账款的账面余额多，因此该笔出口销售收入发生了134.06元（167 168.4-167 034.34）的汇兑收益。

即使如此，在冲销主营业务收入和原结转的销售成本时，也只冲销原本的账面余额，而不是冲销收到货款时的实际金额。

借：主营业务收入——自营出口销售收入——××公司　167 034.34
　　贷：应收账款——应收外汇账款——××公司　　　　167 034.34

而出口销售成本一开始就以人民币支付。

借：在途商品——境外退货——××　　　　　　　　120 000.00
　　贷：主营业务成本——自营出口销售成本——××　　120 000.00

②进口方退回商品验收入库。

借：库存商品——出口库存商品——××　　　　　　120 000.00
　　贷：在途商品——境外退货——××　　　　　　　　120 000.00

③对于退回的出口商品，要将原出口时支付的境外运费、保险费以及境内运杂费等进行冲销。

前期确认的境内运费入账金额=1 200.00（元）
前期发生的海外运保费入账金额=（600.00+360.00）×7.106 4=6 822.14(元)

借：待处理财产损溢——待处理流动资产损溢　　　　　8 022.14
　　贷：销售费用——境内运杂费　　　　　　　　　　　1 200.00
　　　　　　　　——境外运保费　　　　　　　　　　　6 822.14

④退回商品时还发生了境内外相关费用。

借：待处理财产损溢——待处理流动资产损溢　　9 000.00
　　贷：银行存款　　9 000.00

⑤最后确认此次进口商退货给公司带来的损失，经批准计入"营业外支出"科目。

总损失 =8 022.14+9 000.00=17 022.14（元）

借：营业外支出——境外退货损失　　17 022.14
　　贷：待处理财产损溢——待处理流动资产损溢　　17 022.14

3.2.5　出口业务中涉及的索赔和理赔业务处理

索赔是出口商向进口商索要赔偿，一般发生在因进口商违反合同规定而导致出口商遭受损失的情况下。属于进口商责任而引起索赔的原因包括但不限于进口商未按期付款、未及时办理运输手续、未及时开立信用证以及其他违反合同或法定义务的行为。

出口商在向进口商索赔时，经进口商确认并同意赔偿后作相应的业务核算。

借：应收账款——应收外汇账款——出口索赔
　　贷：营业外收入——出口索赔

由此可见，出口企业向进口方索赔的业务核算比较简单，来看一个具体的例子。

实例讲解　出口企业向进口方索赔的业务核算

某外贸公司为增值税一般纳税人，在一次外贸交易中，因境外进口商未能履行合同规定，外贸公司向进口商提出赔偿要求，最终确认赔偿5 000.00美元，当日的汇率为USD1=CNY7.102 7。会计人员根据相应的凭证记账核算。

①确认索赔款。

索赔款的入账金额 =5 000.00×7.102 7=35 513.50（元）

借：应收账款——应收外汇账款——出口索赔　　35 513.50

贷：营业外收入——出口索赔　　　　　　　　　35 513.50

②如果公司收到赔偿款当日的汇率为 USD1=CNY7.101 6。

调整后的赔偿款金额 =5 000.00×7.101 6=35 508.00（元）

调整后的赔偿款金额小于入账金额，发生了汇兑损失 5.50 元（35 513.50-35 508.00）

借：银行存款——美元户　　　　　　　　　　　35 508.00
　　财务费用——汇兑损益　　　　　　　　　　　5.50
　　贷：应收账款——应收外汇账款——出口索赔　35 513.50

而出口业务的理赔是指外贸企业因违反合同规定使进口方遭受损失，受理对方根据合同规定提出的赔偿要求。属于出口方责任而引起进口方索赔的原因包括但不限于出口方所交货物的质量、数量以及包装等与合同约定不符，未按期交货以及不在保险责任范围内发生的商品短缺、严重残损等情况。

注意，如果进口方遭受的损失不在保险责任范围内，又是在合同规定的索赔期限内，则需要进口方提供有关证明，出口企业核实并确认情况属实后，应承担赔偿责任，并做好相关账务处理。

出口业务的理赔需要根据发生损失的原因不同而做不同的处理，表 3-8 对此作了概括。

表3-8　出口商品发生理赔的业务核算

情形	账务处理
确认理赔	借：待处理财产损溢——待处理流动资产损溢 　　贷：应付账款——应付外汇账款——出口理赔（按照确认理赔当日汇率折算）
查明原因，分情况处理	①属于出口企业少发货，经核实确认，应做销货退回处理的，根据红字外销出库凭证做账。 借：应收账款——应收外汇账款——××公司（红字） 　　贷：主营业务收入——自营出口销售收入——××（红字） 同时冲销原结转的出口销售成本，按照赔款金额确认管理费用

情形	账务处理
查明原因，分情况处理	借：主营业务成本——自营出口销售成本（红字） 　　贷：库存商品——自营出口商品（红字） ②如果是商品错发了，且双方同意做调换商品处理，会计人员需要根据出库单调整库存商品和销售成本。 借：主营业务成本——自营出口销售成本（补发商品成本差额） 　　主营业务收入——自营出口销售收入（当补发商品的价格小于退回商品价格时记借方） 　　库存商品（按照退回的错发商品成本入账） 　　贷：库存商品（按照补发商品的成本入账） 　　　　主营业务收入——自营出口销售收入（当补发商品的价格大于退回商品价格时记贷方） ③退回及补发商品发生国内外费用的。 借：待处理财产损溢——待处理流动资产损溢 　　贷：银行存款 ④报批后，根据责任人失误、管理不善以及意外损失等原因，分别记入"其他应收款""管理费用"或"营业外支出"等账户。 属于国内供应商的责任，经协商其同意赔偿的。 借：其他应收款——损失赔偿 　　贷：待处理财产损溢——待处理流动资产损溢 属于商品包装不符合规定或者商品逾期装运等出口企业管理不善造成的。 借：管理费用 　　贷：待处理财产损溢——待处理流动资产损溢 属于出口货物在运输过程中短缺的。 借：营业外支出 　　贷：待处理财产损溢——待处理流动资产损溢 ⑤如果以退补差价的方式处理，出口企业会计应根据出口相关发票调整出口销售收入。 借：主营业务收入——自营出口销售收入 　　贷：应收账款——应收外汇账款——××公司

下面来看一个具体的实例。

实例讲解 出口企业向进口方理赔的业务核算

某外贸公司为增值税一般纳税人，2月向美国某公司发出的商品存在问题，进口方提出索赔，经协商确定赔偿金额8 000.00美元，当日汇率为USD1=CNY 7.105 7。经外贸公司核查，发现公司发货过程中少发商品共4 800.00美元，因公司自身管理不善造成商品损失共1 280.00美元，货运公司在运输途中不慎损坏商品共 1 920.00 美元。而少发的商品目前仍在仓库中。对此,公司会计人员需要区分不同情况做账。

①确认理赔。

理赔款的入账金额 =8 000.00×7.105 7=56 845.60(元)

借:待处理财产损溢——待处理流动资产损溢　　56 845.60

　　贷:应付账款——应付外汇账款——出口理赔　56 845.60

②经查明原因,对于外贸企业少发商品,冲减主营业务收入,同时冲减主营业务成本 24 000.00 元;自身管理不善造成的损失,记入管理费用;货运公司在运输途中造成的损失,由相关保险赔偿,计入其他应收款。

冲减主营业务收入的入账金额 =4 800.00×7.105 7=34 107.36(元)

确认管理费用的入账金额 =1 280.00×7.105 7=9 095.30(元)

确认其他应收款的入账金额 =1 920.00×7.105 7=13 642.94(元)

借:主营业务收入——自营出口销售收入　　34 107.36

　　管理费用——出口损失　　　　　　　　 9 095.30

　　其他应收款——货运公司　　　　　　　13 642.94

　　贷:待处理财产损溢——待处理流动资产损溢　56 845.60

③冲销少发商品的销售成本,同时增加库存商品账面余额。

借:库存商品——库存出口商品——××　　24 000.00

　　贷:主营业务成本——自营出口销售成本　24 000.00

④假设收到货运公司的赔偿款时汇率为 USD1=CNY7.103 6。

实际收到赔偿款的人民币金额 =1 920.00×7.103 6=13 638.91(元)

由此可见,外贸公司收到货运公司的赔偿款时发生了汇兑损失,金额为 4.03 元(13 642.94-13 638.91),确认为财务费用。

借:银行存款——美元户　　　　　　　　13 638.91

　　财务费用——汇兑损失　　　　　　　　　 4.03

　　贷:其他应收款——货运公司　　　　　13 642.94

⑤外贸公司实际向进口商支付赔款时,汇率为 USD1=CNY7.103 6。

实际支付的理赔款的人民币金额 =8 000.00×7.103 6=56 828.80(元)

与确认理赔金额时的入账金额相比更少,说明发生了汇兑收益,即 16.80 元(56 845.60−56 828.80)。

借:应付账款——应付外汇账款——出口理赔　　56 845.60
　　贷:银行存款——美元户　　　　　　　　　　　56 828.80
　　　　财务费用——汇兑损益　　　　　　　　　　　　16.80

由于该案例中少发商品直接做赔偿处理,不需要补发,因此不涉及退回及补发商品发生的费用开支。

3.3　代理出口业务的核算

代理出口业务是指具有进出口经营权的外贸企业或其他出口企业接受没有自营进出口权的工厂或外贸公司等的委托,代办出口货物销售及交单结汇或者同时代办发运、制单等业务。因此,这种出口业务的核算与一般的进出口公司自营出口业务的核算不同。

3.3.1　熟悉代理出口销售业务的特征与流程

代理出口销售业务是发生在受托方与委托方之间的经济事项,其特征包括但不限于表 3-9 中的几点。

表 3-9　代理出口销售业务的特征

特征	简述
委托代理关系	受托方与委托方会事先协商并签订代理出口协议,明确规定代理范围、经营商品、商品交接、储存运输、费用负担、手续费率、外汇划拨、索赔处理、结算方式以及双方其他责任等
不垫付、不负担、不承担	受托企业不垫付商品资金,不负担基本费用,不承担出口销售盈亏与经营风险,只收取代理手续费。代理出口业务发生的一切国内外直接费用都属于垫付性质,由委托方负担;代理出口业务发生的间接费用可以通过向委托方收取手续费进行补偿
只收手续费	受托企业按照出口销售发票注明的金额和规定的手续费率,向委托方收取手续费,作为经办代理出口销售业务的服务收入

续上表

特征	简述
两种外汇结算方式	①委托方结汇，也称异地结汇，是委托方向银行交单时办妥必要的手续，由银行在收到外汇货款时为受托企业和委托单位分割收汇。当银行收到出口销售的外汇货款后，将受托企业代垫的境外运费、保险费、佣金和代理手续费等划给受托企业，将余款原币划拨给委托方，由委托方自行委托银行办理结汇。 ②全额收汇，也称当地结汇，由受托出口企业办理结汇收款手续，然后将扣除了各种代垫费用和代理手续费后的人民币余款划拨给委托方
出口退税归委托方	代理出口销售业务的出口退税税款归委托方所有。一般由受托企业负责去所在地税务机关开立代理出口退税证明，然后由委托方持证明和出口报关单、出口收汇核销单以及代理出口协议副本等文件自行向当地税务机关办理出口退税

要做好代理出口销售业务的核算工作，会计人员需要熟悉代理出口业务的具体流程，如图3-3所示。

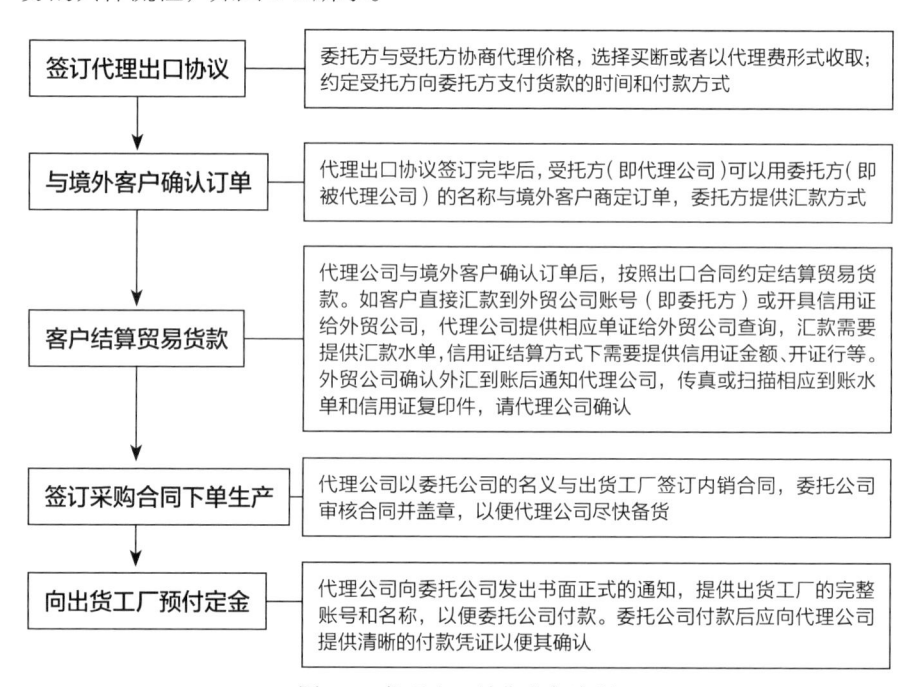

流程	说明
签订代理出口协议	委托方与受托方协商代理价格，选择买断或者以代理费形式收取；约定受托方向委托方支付货款的时间和付款方式
与境外客户确认订单	代理出口协议签订完毕后，受托方（即代理公司）可以用委托方（即被代理公司）的名称与境外客户商定订单，委托方提供汇款方式
客户结算贸易货款	代理公司与境外客户确认订单后，按照出口合同约定结算贸易货款。如客户直接汇款到外贸公司账号（即委托方）或开具信用证给外贸公司，代理公司提供相应单证给外贸公司查询，汇款需要提供汇款水单，信用证结算方式下需要提供信用证金额、开证行等。外贸公司确认外汇到账后通知代理公司，传真或扫描相应到账水单和信用证复印件，请代理公司确认
签订采购合同下单生产	代理公司以委托公司的名义与出货工厂签订内销合同，委托公司审核合同并盖章，以便代理公司尽快备货
向出货工厂预付定金	代理公司向委托公司发出书面正式的通知，提供出货工厂的完整账号和名称，以便委托公司付款。委托公司付款后应向代理公司提供清晰的付款凭证以便其确认

图3-3 代理出口销售业务流程

后续租船订舱、报关出口等一系列流程，可参考本章3.1.1节内容，只不过办事人员从实际出口的人变成了代理人。

接下来就看看代理出口业务各个阶段的会计核算工作。

3.3.2 代理出口商品收发及销售的账务核算

在代理出口业务中，会使用到的账户有"受托代销商品"和"受托代销商品款"。由此可见，代理出口商品的会计核算使用的会计科目与内销业务中的受托代销是一样的，只不过双方在结算方式上有所不同。

"受托代销商品"是资产类账户，用来核算企业接受其他单位委托代理出口的商品和代销的商品，余额在借方，表示委托代理出口商品或代销商品的结存额。"受托代销商品款"是负债类账户，用来核算企业代理出口商品和代销商品的货款，余额在贷方，表示尚未销售的代理出口商品或代销商品的数额。这两个账户主要运用在代理出口商品收发环节。

注意，代理出口商品的具体实施方式的不同，也会导致代理公司账务处理不同。一种是视同买断的代理出口，另一种是收取手续费方式的代理出口，下面分别介绍。

1. 视同买断的代理出口

受托方将代销商品加价出售，与委托方按照协议价格结算，不再另外向委托方收取手续费。视同买断的代理出口，对于受托方来说，账务处理与自营出口相同。

①收到委托方发来的代销商品。按照代理出口协议规定的价格核算。

借：受托代销商品——代销出口——××

　　贷：受托代销商品款——×× 公司

②受托方实际销售代销商品时，按照加价后的价格确认主营业务收入，同时结转主营业务成本，并核算应向委托方支付的钱款。

借：银行存款

　　贷：主营业务收入——代理出口销售收入

借：主营业务成本——代理出口销售成本

　　贷：受托代销商品（按代销商品的协议价格入账）

借：受托代销商品款——×× 公司

贷：应付账款——××公司（按代销商品的协议价格入账）

③按照合同协议价格将款项付给委托方。

借：应付账款——××公司

贷：银行存款

实例讲解 接受委托代销出口商品的买断业务核算

某外贸公司为增值税一般纳税人，在2月份与A公司签订了商品代销买断合同，购进一批女装用于出口。双方协议价格为400.00元/件，共2 000件，货款总计800 000.00元，税率为13%。货物当天验收入库。本月将该批女装出售给美国某公司，采用信用证结算，后续收到业务部门转来已向银行交单的出口发票副本，与出库单核对一致，按CIF计价，共15.24万美元，扣除2%的佣金，当天的汇率为USD1=CNY7.108。收到银行收款通知的当天，汇率为USD1=CNY7.107 5。相关账务处理如下：

①收到代销商品并验收入库。

增值税进项税额 =800 000.00×13%=104 000.00（元）

借：受托代销商品——代销出口——女装　　　　800 000.00

　　应交税费——应交增值税（进项税额）　　　104 000.00

　　贷：受托代销商品款——A公司　　　　　　　　904 000.00

②发出商品。

借：发出商品——受托代销商品——女装　　　　800 000.00

　　贷：受托代销商品——代销出口——女装　　　　800 000.00

③将女装出售给美国公司，收到出口发票副本。

佣金的入账金额 =152 400.00×2%×7.108=21 665.18（元）

销售净额的入账金额 =152 400.00×（100%-2%）×7.108=1 061 594.02（元）

借：应收账款——应收外汇账款　　　　　　　　1 061 594.02

　　贷：主营业务收入——代理出口销售收入　　　　1 083 259.20

　　　　　　　　　　——出口佣金（红字）　　　　 21 665.18

同时结转销售成本。

借：主营业务成本——代销出口销售成本　　　　800 000.00
　　贷：发出商品——受托代销商品——女装　　　　800 000.00
借：受托代销商品款——A公司　　　　　　　　　904 000.00
　　贷：应付账款——A公司　　　　　　　　　　　904 000.00

后续代理公司自行办理出口退税时获取的退税款收入，就计入自己的账目中。

④收到银行收款通知，银行扣除76.20美元的手续费，余款存入代理公司的外汇存款账户。根据银行水单做账：

销售净额折算为人民币＝152 400.00×(100%-2%)×7.107 5=1 061 519.34（元）

手续费折算为人民币＝76.20×7.1075=541.59（元）

实际存入外汇存款账户的钱款＝1 061 519.34-541.59=1 060 977.75（元）

而原本应收账款折算的人民币为1 061 594.02元，比1 061 519.34元多74.68元（1 061 594.02—1 061 519.34），说明产生了汇兑损失，确认财务费用，记借方。

借：银行存款——美元户　　　　　　　　　　　1 060 977.75
　　财务费用——手续费　　　　　　　　　　　　　　541.59
　　　　　　——汇兑损益　　　　　　　　　　　　　 74.68
　　贷：应收账款——应收外汇账款　　　　　　　1 061 594.02

2. 收取手续费方式的代理出口

受托方按照委托方的要求销售商品，受托方只向委托方收取代销手续费，且该代销手续费与商品销量、销售额无必然联系。

①代理公司根据代理出口协议的规定收到委托方发来的代理出口商品时，应根据储运部门转来的代理商品入库单上所列的金额核算入账，暂不考虑增值税。

借：受托代销商品——××
　　贷：受托代销商品款——××公司

②代理出口商品发运后或代销商品销售后，应根据储运部门转来的代

理商品出库单上所列的金额核算入账。

借：银行存款等

贷：应付账款——××公司

③将代销出口商品收取的货款交付给委托方，并向委托方收取代销手续费。

借：受托代销商品款——××公司

贷：受托代销商品——××

借：应付账款——××公司

贷：银行存款

主营业务收入/其他业务收入——代销手续费

此时代理公司的主营业务成本或者其他业务成本就是一些因为开展代理出口业务而发生的费用开支。如果代理公司的主营业务就是代理出口，那么用主营业务收入账户核算；如果主营业务不是代理出口，那么用其他业务收入账户核算。

下面来看一个具体的案例。

实例讲解 接受委托代销出口商品收取手续费的业务核算

某外贸公司为增值税一般纳税人，主营代理出口业务。2月份受B公司的委托，代理女装出口业务，合同金额为10.00万美元，代理手续费率为5%。暂不考虑相关税费问题。

①2月1日，公司收到B公司交来的代理出口女装，运输公司转来代理业务入库单，列明入库女装2 000件，单价250.00元。按照本位币金额确认受托代销商品。

受托代销商品的入账金额=2 000×250.00=500 000.00（元）

借：受托代销商品——B公司——女装　　　500 000.00

贷：受托代销商品款——B公司　　　　　　500 000.00

②2月9日，公司代办出口交单收汇。在代理商品装运出口后，在信用

证规定的时间内将全套出口单证按照合同规定结算方式向银行办理交单,当日汇率为 USD1=CNY7.103 6。按照当天的汇率确认代理出口销售收入。

应收账款的入账金额 =100 000.00×7.103 6=710 360.00(元)

借:应收账款——应收外汇账款　　　　　　　710 360.00
　　贷:应付账款——代理出口销售收入——B 公司　710 360.00

③代付境外发生的相关费用,其中运输费 1 500.00 美元、保险费 2 500.00 美元、佣金 1 200.00 美元,当日汇率为 USD1=CNY7.103 2。代付的相关费用在账面上冲销公司对委托方的应付账款。

运输费的入账金额 =1 500.00×7.103 2=10 654.80(元)

保险费的入账金额 =2 500.00×7.103 2=17 758.00(元)

佣金的入账金额 =1 200.00×7.103 2=8 523.84(元)

借:应付账款——运输费　　　　　　　10 654.80
　　　　　　——保险费　　　　　　　17 758.00
　　　　　　——佣金　　　　　　　　 8 523.84
　　贷:银行存款——美元户　　　　　 36 936.64

④公司的开户行收妥货款后,根据银行结汇水单,按照当日银行买入价 USD1=CNY7.186 5 入账。

银行存款的入账金额 =100 000.00×7.186 5=718 650.00(元)

与前期核算的应收外汇账款的人民币金额 710 360.00 元相比,多了 8 290.00 元,发生了汇兑收益,冲减财务费用,记贷方。

借:银行存款——美元户　　　　　　 718 650.00
　　贷:应收账款——应收外汇账款　　 710 360.00
　　　　财务费用——汇兑损益　　　　　 8 290.00

该会计分录的编制是代理出口销售收汇业务的核算工作。

⑤公司按照与 B 公司的合同扣除代垫费用和代理手续费后,通过银行将余款结付给 B 公司。已知公司在收妥货款的当天就向 B 公司结付了余款。

扣除境外运保费和佣金后的应付账款 =718 650.00−36 936.64=681 713.36(元)

收取的手续费 =710 360.00×5%=35 518.00(元)

应结付给 B 公司的余款 =681 713.36-35 518.00=646 195.36（元）

借：受托代销商品款——B 公司　　　　　　500 000.00
　　贷：受托代销商品——B 公司——女装　　500 000.00
借：应付账款——B 公司——女装　　　　　　681 713.36
　　贷：主营业务收入——代理手续费　　　　35 518.00
　　　　银行存款——美元户　　　　　　　　646 195.36

TIPS 垫付国内外基本费用的账务核算

企业开展代理出口业务时，在出口过程中发生的国内外基本费用，如运输费和保险费等，均由委托方负责。受托代理出口企业在垫付后可以在结算时扣回，账务处理如前述案例所示，即冲减受托方对委托方的应付账款。

借：应付账款——××公司（委托方）
　　贷：银行存款

也可以先向委托方收取一笔预收款，待代理出口业务结束时再进行清算。此时就要参考前述案例涉及预收账款的账务核算了，这里不作详解。

3.3.3 代理出口业务中关税的核算处理

企业开展代理出口业务时如果发生关税额，由委托方承担。实际业务中，受托方一般需要代征代缴，同时代垫其他有关费用。相关账务处理如下：

①受托开展代理出口业务的企业收到海关签发的税款缴纳凭证。

借：应付账款——××公司（委托方）
　　贷：应交税费——应交出口关税

由此可见，受托方为委托方代征代缴的出口关税，也冲减对委托方的应付账款。

②实际缴纳关税。

借：应交税费——应交出口关税
　　贷：银行存款

比如，上一节案例中最后结算时，要从应结付给委托方的余款中再减去代征代缴的出口关税，会计分录就会变成下面这样：

借：应付账款——B 公司——女装

贷：主营业务收入——代理手续费

应交税费——应交出口关税

银行存款——美元户

同时还要在实际缴纳出口关税时编制相关会计分录。

关税应纳税额的计算已经在本书第一章 1.4 节中详细介绍过，这里不再赘述。下面来看一个具体的案例。

实例讲解 代理出口业务涉及出口关税的核算与账务处理

某外贸公司为增值税一般纳税人，主营代理出口业务。3 月份接受国内某公司的委托代理出口一批女装，我国口岸 FOB 价折合人民币为 60.00 万元，出口关税税率为 8.4%。

出口女装的完税价格 =FOB 价 ÷（1+ 出口关税税率）

=600 000.00 ÷（1+8.4%）=553 505.54（元）

出口女装的关税应纳税额 = 关税完税价格 × 出口关税税率

=553 505.54×8.4%=46 494.47（元）

①确认应缴纳的出口关税时，根据出口相关单证记账，冲减对委托方应结付的应付账款。

借：应付账款——×× 公司　　　　　　　　　46 494.47

贷：应交税费——应交出口关税　　　　　46 494.47

②实际缴纳出口关税时，根据海关出具的税款缴款凭证记账。

借：应交税费——应交出口关税　　　　　　　46 494.47

贷：银行存款　　　　　　　　　　　　　46 494.47

除了一般的出口业务和代理出口业务，与之相关的还有跨境电商出口业务。这类业务的开展更多地依赖于线上交流，即分属于不同关境的交易主体，通过电子商务平台进行交易、支付结算，并通过跨境物流运送商品，销售、结算和物流全部通过线上平台进行。而账务处理与一般的出口业务和代理出口业务基本没有区别，可参考学习。

另外还有外贸综合服务企业出口业务，外贸综合服务企业简称"外综服企业"，是指具备对外贸易经营者身份，接受国内外客户委托，依法签订综合服务合同，依托综合服务信息平台，代为办理包括报关报检、物流、退税、结算和信托保险等在内的综合服务业务以及协助办理融资业务的企业，是代理服务企业，与代理出口企业有点类似。这类企业出口业务的账务核算并不难，感兴趣的可以自行学习研究。

第4章

外贸进口业务的核算

外贸进口业务即进口方从境外购入产品或服务到境内的业务，按照经营性质的不同，外贸进口业务也主要分为自营进口业务和代理进口业务，不同类型的进口业务其核算方法和账务处理也是不同的，本章就来详细了解进口业务的核算内容。

4.1 核算进口业务需要具备的基础知识

进口贸易又称输入贸易，是指将境外商品输入本国市场销售的贸易行为。输往境外的商品未经消费和加工又输入本国的，称为复进口或者再输入贸易。

外贸会计要做好进口业务的核算工作，需要对相关知识有所了解，如进口贸易的类型、进口货物的处理流程等。明确了类型，可以快速反映该如何做账，了解进口业务处理流程可以帮助会计在必要的时候及时做账。

进口贸易的类型有常见的自营进口和代理进口。

自营进口贸易是指涉外企业或者外贸公司根据国内市场需求，自行与境外供货商签订合同、组织进口，进口后一次性或分多次供应给国内厂商或消费者，并自行承担盈亏的进口业务。

代理进口贸易是指涉外企业或者外贸公司接受国内有关单位或企业的委托，与境外供货商签订合同并负责对外履约的进口业务。注意，代理进口发生的全部税费和业务亏损均由委托方承担，受托企业只收取一定比例的手续费。

另外还有易货贸易、进料加工以及代销境外商品等，感兴趣的可以自行研究学习。

外贸会计在核算进口业务时，可能涉及的会计科目包括但不限于"在途物资""商品采购""应付账款——应付外汇账款""预付账款——预付外汇账款""应交税费——应交增值税（进项税额）""预收账款""其他业务收入"等。

一般来说，正常的进口货物工作流程大致包括国内签约、境外签约、办理进口报关事宜、到货接运、接货验收和拨交、对内销售结算等。图4-1展示的是比较具体的进口货物工作流程，外贸会计人员可简单了解。

第4章 外贸进口业务的核算

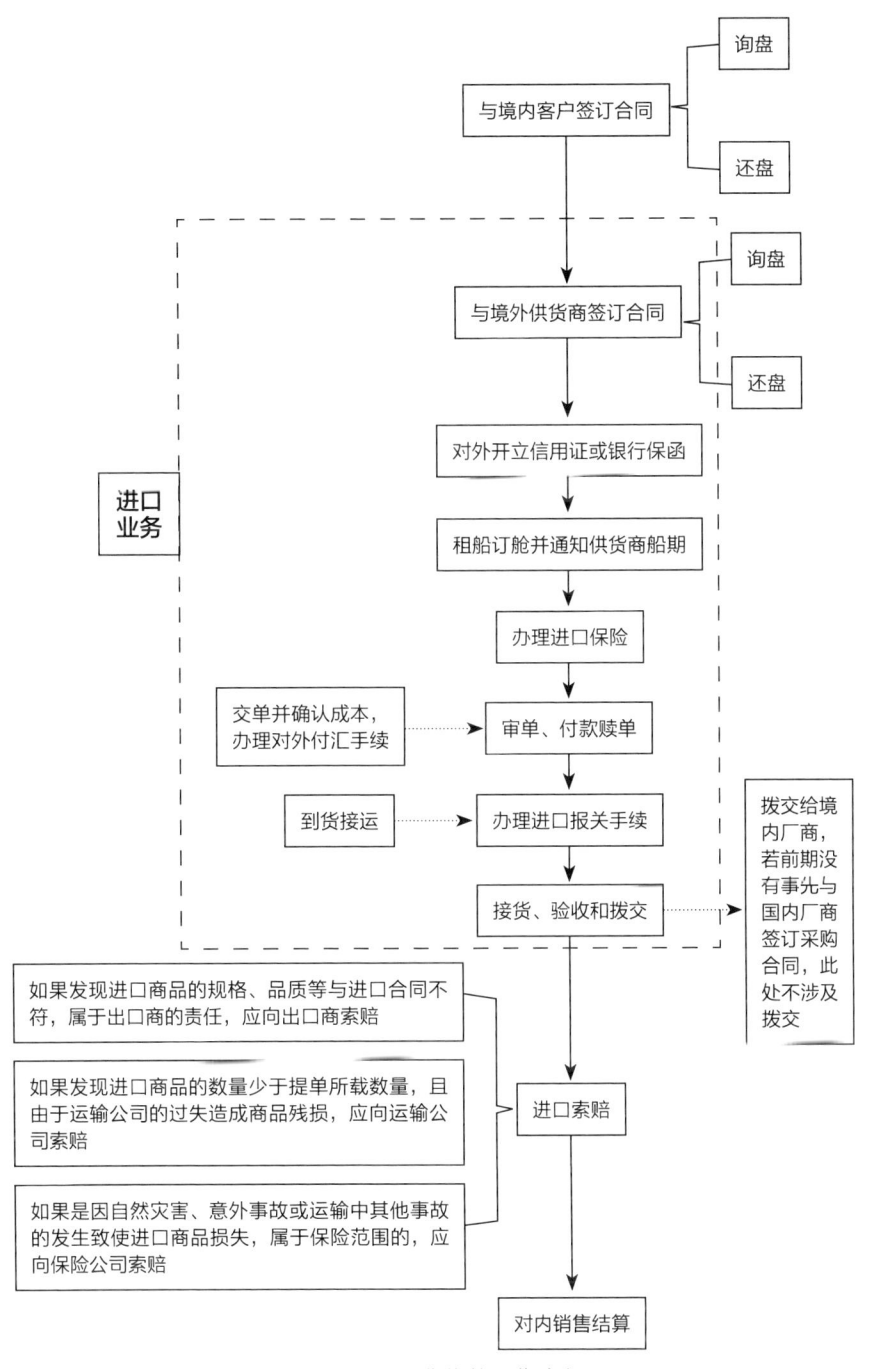

图 4-1 进口货物的工作流程

在上述进口货物工作流程中，如果外贸公司接货、验货后直接将进口商品拨交给国内采购商，则在此时完成对内销售结算。如果外贸公司在接货、验货后没有需要拨交的情况，而是在后续自行销售过程中将进口商品卖给采购方或消费者，则在实际收到货款时做对内销售结算。

TIPS 办理对外付汇手续

外贸企业进口货物，凭进口合同、信用证开证申请书、信用证结算要求的商业单证、进口付汇备案表、进口许可证件等到银行办理付汇手续，向境外供货商付汇。

以信用证方式结算的，对于信用证项下售汇银行与付汇银行不一致的，付汇（开证）银行在核实售汇银行划转的资金到账后，需要审查经售汇银行签注的审单结论和外汇划转凭证，另外还要审查进口合同和信用证开证申请书。

以托收方式结算的，审查进口合同；以预付货款方式结算的，审查进口合同和商业发票。

以货到付款方式结算的，按照"进口货物报关单'贸易方式'分类付汇代码表"审查相关凭证和商业单据。对于凭"可以对外售付汇"进口货物报关单付汇的，审查进口合同、加盖海关"验讫章"的进口货物报关单正本（付汇证明联）和商业发票；对于凭"有条件对外售付汇"进口货物报关单付汇的，还需根据进口货物报关单的贸易方式审查相应凭证；对于"不得对外售付汇"进口货物报关单，不能凭借该报关单付汇。

4.2 自营进口货物的核算

自营进口业务是外贸企业自行组织的商品进口活动，自营进口并销售而发生的各种费用由外贸企业自行承担，盈亏也由外贸企业自行负责。

4.2.1 熟知自营进口货物采购成本的构成

外贸企业自营进口商品的采购成本主要包括境外进价和进口税金两部分，下面分别介绍。

1. 境外进价

进口货物的境外进价包括买价、海运费、海运保险费、报关报检费、进口关税以及进口消费税等一系列与购货有关的费用。换句话说，进口商品的进价一律以 CIF 价为记账基础。如果进口方与出口方以 FOB 价或 CFR 价成交，则进口商品离开对方口岸后，应由进口方负担的境外运费和保险费等均应作为进口商品的境外进价入账。

注意，在货物成交过程中，进口方在成交价格外另行支付给出口方的佣金，应计入成交价格；但是向境外采购代理人支付的买方佣金不计入成交价格，如果已经包括在成交价格中，应予以扣除；出口方付给进口方的正常回扣，应从成交价格中扣除；出口方违反合同规定延期交货的罚款，出口方在货价中冲减时，罚款不能从成交价格中扣除。

另外，进口商品到达我国口岸后发生的运输装卸费、保险费等费用不能计入境外进价，而应在发生时直接计入销售费用。

为了更容易理解，可参考以下计算公式：

  自营进口商品的采购成本=CIF价+进口税金（包括进口关税和消费税）−支付的买方佣金（如果包含在成交价格中）−收到的正常回扣

  自营进口商品的采购成本=FOB价+境外运保费+进口税金（包括进口关税和消费税） 支付的买方佣金（如果包含在成交价格中）−收到的正常回扣

  自营进口商品的采购成本=CFR价+境外保险费+进口税金（包括进口关税和消费税）−支付的买方佣金（如果包含在成交价格中）−收到的正常回扣

2. 进口税金

进口税金是指进口商品在进口环节应缴纳的计入进口商品采购成本的各种税金，如海关征收的进口关税和进口消费税。

在本书第 1 章的 1.4 节中已经介绍过进口关税的税额核算，这里不再赘述。那么进口消费税的公式如下：

  进口消费税=（CIF价+关税）÷（1−消费税税率）×消费税税率

由于商品进口环节征收的增值税是价外税，不是进口商品采购成本的

构成部分,因此通过"应交税费"科目核算。进口商品的增值税进项税额的计算如下:

$$进口增值税=(CIF价+关税+消费税)\times 增值税税率$$

4.2.2 自营进口商品购进与销售账务核算

自营进口商品的购进与销售业务涉及各个阶段的账务处理,下面分别介绍。

1. 开立信用证,预存保证金

一般来说,进口货物通过交易磋商,进出口双方会在签订合同时选定货款支付方式,如托收方式或者信用证结算等。

如果采用托收方式结算,属于出口方给予进口方商业信用,此时不涉及资金收付,也不需要做任何账务处理。

如果采用信用证方式结算,进口方应先向银行办理信用证开证申请,如实填写申请书,预存保证金,同意支付银行的手续费和利息。有现汇账户的,可办理从外汇结算往来账户转入信用证存款专户;没有现汇账户的,不允许提前购汇,进口方可以用人民币作为信用证保证金。

信用证保证金的缴存比例根据开证申请人在开证银行的授信情况确定,一般授信至少需要30%的保证金。

在该环节,进口方有无现汇账户,其记账内容会有区别。

①有现汇账户的,根据开证申请书和进口合同的金额,在银行办理从外汇结算往来账户转入信用证存款专户的手续,同时记账。

借:其他货币资金——信用证存款
　　财务费用——手续费
　贷:银行存款——外币户

②如果没有现汇账户,直接用人民币作为信用证保证金。

借:其他货币资金——信用证存款
　贷:银行存款——人民币户

2. 接收到银行转来的境外单据

进口企业收到银行转来的全套单证后需要审核，审核通过后付款赎单，并在恰当的时候支付境外运费、保险费和卖方（即出口方）佣金。

①付款赎单是进口方向开证行付清货款或者按照规定汇率向银行买入外汇后付清货款并领取单据的统称。进口方凭借付款赎单获得的单据提取货物。付款赎单时，对即期信用证要购汇支付或者通过信用证存款专户及外汇存款支付；对远期信用证则在到期日支付。当信用证存款专户的资金不足以付清货款时，还需购汇以补足差额。

借：在途物资——进口商品
　　　　　　——出口方佣金
　贷：其他货币资金——信用证存款
　　　银行存款——外币户（或人民币户）（当信用证存款专户资金不足时有该科目）

②支付境外运费、保险费，计入进口商品的采购成本。

借：在途物资——进口商品
　贷：银行存款——外币户（或人民币户）

3. 进口方收到出口方支付的正常回扣

如果在进口业务中进口方收到出口方支付的正常回扣，有时也称佣金，需相应冲减进口商品的采购成本，及时记账。

借：银行存款——外币户
　贷：在途物资——进口商品

4. 进口报关

进口方在办理进口报关手续时根据海关出具的相关税款缴款书做账。

借：在途物资——进口商品
　贷：应交税费——应交进口关税
　　　　　　——应交消费税

5. 实际缴纳进口相关税费和其他费用

实际缴纳进口环节相关税费和其他费用时，根据收到的收据、单证和凭证做账。其中，其他费用计入销售费用。

借：应交税费——应交进口关税

　　　　——应交消费税

　　　　——应交增值税（进项税额）

　　销售费用

　贷：银行存款——人民币户

6. 支付国内运杂费

外贸企业进口业务中，进口商品从我国口岸运送到指定地点发生的国内运杂费需计入期间费用，确认为销售费用。

借：销售费用

　　　应交税费——应交增值税（进项税额）（运杂费收到增值税专用发票时）

　贷：银行存款——人民币户

7. 进口商品验收入库

外贸企业自营进口商品验收入库后，会计人员根据入库单等做账。

借：库存商品——库存进口商品

　贷：在途物资——进口商品

8. 进口后销售

外贸企业将自营进口商品对外销售时，按照发票金额确认销售收入，同时结转销售成本。

借：应收账款——人民币户（或外币户）

　贷：主营业务收入——自营进口销售收入

　　　应交税费——应交增值税（销项税额）

借：主营业务成本——自营进口销售成本

　　贷：库存商品——库存进口商品

9. 向采购商结算货款

采购商收到进口商品，验收无误后向外贸企业支付货款。

借：银行存款——人民币户

　　贷：应收账款——人民币户

注意，如果外贸公司在进口商品到岸后，一通过验收就向境内厂商拨付，则外贸企业要以开出的进口结算单、增值税专用发票等向境内厂商办理货款结算，作为商品销售成立的条件。这里货款结算方式不同，与前述"8"和"9"环节中的会计分录会有些微差别。

下面来看一个具体的实例，学习进口业务如何做账。

实例讲解 公司进口商品并将其对外出售的账务处理

某外贸公司为增值税一般纳税人，对外交易采用即期汇率折算。该公司从美国某公司进口一批化妆品，货款总价为12.00万美元（FOB价），结算方式为即期跟单信用证。开立信用证时存入信用证保证金专户12.05万美元，当日汇率为USD1=CNY7.105 9。境内销售结算方式为货到付款。假设该外贸公司有外汇存款账户。

境内销售价格为180.00万元（不含增值税），增值税税率13%。已知进口业务和支付境外运保费时的即期汇率为USD1=CNY7.100 2，境外运费4 200.00美元，境外保险费600.00美元，以外汇存款账户另行支付，进口到岸价（CIF价）为12.48万美元。进口关税税率50%，进口消费税税率15%，进口增值税税率13%。

①外贸公司开立信用证并存入保证金，向银行支付1‰的手续费。

手续费 =120 500.00×1‰=120.50（美元）

折算为人民币金额的保证金 =（120 500.00-120.50）×7.105 9=855 404.69（元）

折算为人民币金额的手续费 =120.50×7.105 9=856.26（元）

借：其他货币资金——信用证存款　　　　　855 404.69

　　财务费用——银行手续费　　　　　　　　856.26

　　贷：银行存款——美元户　　　　　　　　856 260.95

②接到银行转来的境外单证，付款赎单。

在途物资的入账金额 =120 000.00×7.100 2=852 024.00（元）

此时外贸企业需要支付的货款比预先存入的信用证保证金存款少，直接用信用证保证金支付。

借：在途物资——进口商品——护肤品　　　852 024.00

　　贷：其他货币资金——信用证存款　　　　852 024.00

③支付境外运保费。

境外运保费折算为人民币金额 =4 200.00×7.100 2+600.00×7.100 2=34 080.96（元）

借：在途物资——进口商品——护肤品　　　34 080.96

　　贷：银行存款——美元户　　　　　　　　34 080.96

④进口报关时，凭借海关出具的税款缴款单据缴纳进口税费。

进口关税折算为人民币的金额 =（852 024.00+34 080.96）×50%=443 052.48（元）

消费税完税价格 =852 024.00+34 080.96+443 052.48=1 329 157.44（元）

进口消费税 =1 329 157.44÷（1−15%）×15%=234 557.20（元）

进口增值税 =（1 329 157.44+234 557.20）×13%=203 282.90（元）

借：在途物资——进口商品——护肤品　　　677 609.68

　　贷：应交税费——应交进口关税　　　　　443 052.48

　　　　　　　　——应交进口消费税　　　　234 557.20

借：应交税费——应交进口关税　　　　　　443 052.48

　　　　　　——应交进口消费税　　　　　　234 557.20

　　　　　　——应交增值税（进项税额）　　203 282.90

　　　　贷：银行存款——人民币户　　　　　　　　　　　880 892.58

⑤外贸公司将这批进口商品验收入库后，再向境内销售。验收入库时要做账。

　　库存商品的入库金额=852 024.00+34 080.96+677 609.68=1 563 714.64（元）

　　借：库存商品——库存进口商品——护肤品　　　1 563 714.64
　　　　贷：在途物资——进口商品——护肤品　　　　　1 563 714.64

⑥向境内工厂销售，确认销售收入，同时结转销售成本。

　　增值税销项税额=1 800 000.00×13%=234 000.00（元）

　　借：应收账款——应收境内账款——××公司　　　2 034 000.00
　　　　贷：主营业务收入——自营进口销售收入——护肤品　1 800 000.00
　　　　　　应交税费——应交增值税（销项税额）　　　　234 000.00

　　借：主营业务成本——自营进口销售成本——护肤品　1 563 714.64
　　　　贷：库存商品——库存进口商品——护肤品　　　　1 563 714.64

⑦收到境内厂商支付的货款。

　　借：银行存款——人民币户　　　　　　　　　　　2 034 000.00
　　　　贷：应收账款——应收境内账款——××公司　　　2 034 000.00

⑧收到银行退回的信用证保证金存款，假设不存在汇率变动。

　　退回的信用证保证金存款=855 404.69-852 024.00=3 380.69（元）

　　借：银行存款——美元户　　　　　　　　　　　　3 380.69
　　　　贷：其他货币资金——信用证存款　　　　　　　　3 380.69

　　浏览该案例的账务处理可以发现，当进口业务的购进与销售环节的账务处理完毕后，还可能涉及银行退回信用证保证金存款，这是进口企业预先存入的信用证保证金在支付进口货款时没有用完的情况下发生的。

　　若进口企业预先存入的信用证保证金存款刚好足够支付进口业务发生的支出，则没有案例中最后一个会计分录。实际进口业务中，有些进口企业还会通过信用证保证金存款支付境外运费和保险费，此时如果存入的保证金存款不足以支付，就会直接购汇支付或者以外汇存款支付。

4.2.3 自营进口商品发生销售退回的账务核算

自营进口商品发生销售退回的情况时,如果在确认销售收入前发生,一方面,只需冲减"发出商品"科目和"应交税费"科目,同时增加"库存商品"科目;另一方面,外贸公司应根据商检部门出具的商品检验证明书,与出口方协商沟通,退回商品,收回货款。

如果在确认销售收入后发生销售退回,一方面需要冲减销售收入、税费以及销售成本;另一方面也需要根据商品检验证明书要求出口方退回商品,收回货款。

下面通过简单的案例来对比分析不同销售退回情况的账务处理。

实例讲解 公司进口商品发生退货的情况的账务处理

某外贸公司为增值税一般纳税人,3月公司将进口的一批护肤品卖给境内厂商,尚未确认销售收入。但国内厂商在验收商品时发现其规格和品质与合同不符,遂与外贸公司联系。而外贸公司与出口商沟通交涉,对方同意退货。

已知要求退回的商品对应的采购成本为 78 185.73 元,售价为 90 000.00 元,增值税税率 13%。由于退货发生境外运费 210.00 美元,支付当日的汇率为 USD1=CNY7.097 8。这里暂不考虑税费的退还问题。

①支付境外运费时,增加对境外出口方的应收账款。

应收账款的人民币折算金额 =210.00×7.097 8=1 490.54(元)

借:应收账款——应收外汇账款——××公司　　1 490.54
　　贷:银行存款——美元户　　　　　　　　　　1 490.54

②随后做进口商品退货处理。冲减发出商品 78 185.73 元,同时增加库存商品。

借:库存商品——库存进口商品——护肤品　　　78 185.73
　　贷:发出商品——自营进口销售商品——护肤品　78 185.73

后续根据实际卖给境内厂商的护肤品数量确认销售收入,同时结转对应的销售成本即可。

但如果进口商品卖给境内厂商已经确认了销售收入并结转了销售成本，在发生销售退回时需要冲减销售收入、销售成本和对应的增值税销项税额。

借：库存商品——库存进口商品——护肤品　　78 185.73
　　贷：主营业务成本——自营进口销售成本　　78 185.73

应冲减的增值税销项税额 =90 000.00×13%=11 700.00（元）

借：主营业务收入——自营进口销售收入　　90 000.00
　　应交税费——应交增值税（销项税额）　　11 700.00
　　贷：应收账款——应收境内账款——××公司　　101 700.00

后续外贸公司向境外出口方退货时，按照库存商品减少、应收外汇账款增多的处理原则记账。相关会计分录可参考以下这些。

借：应收账款——应收外汇账款——××公司
　　贷：库存商品——库存进口商品
借：银行存款——美元户
　　贷：应收账款——应收外汇账款——××公司

由于后续涉及进口关税、进口消费税和进口增值税等的退税事宜，核算比较复杂，这里不再详细介绍，感兴趣的可以自行学习研究。

4.2.4　自营进口商品涉及的索赔和理赔业务处理

外贸企业的自营进口商品在销售给国内客户时，若被客户发现商品短缺、质量和规格等与合同约定不符，此时外贸会计需要区分情况进行处理。

①如果属于运输公司或保险公司赔偿责任范围内的损失，由国内客户向运输公司或保险公司索赔。

②如果属于境外出口方的责任，应由外贸企业根据商检部门出具的商品检验证明书，在合同规定的对外索赔期限内向出口方提出索赔，同时向境内客户理赔。

下面通过一个具体的实例来学习自营进口商品涉及索赔和理赔的业务核算工作。

实例讲解 公司进口商品对外销售后被要求赔偿的业务处理

某外贸公司为增值税一般纳税人，2月19日从美国某公司购进一批护肤品，共500套，每套60.00美元（CIF价），货款共30 000.00美元，当日汇率为USD1=CNY7.103 2，缴纳进口关税36 900.00元，缴纳进口消费税44 116.94元，缴纳进口增值税38 234.68元。

这批护肤品已经卖给境内某商家，每套600.00元，货款共300 000.00元，增值税税额39 000.00元，款项已收妥入账。2月29日，境内某商家在验收这批商品时发现有20套护肤品质量不合格，遂向外贸公司提出退货请求。当日，外贸公司与境外出口商取得联系，双方沟通协商，同意做退货处理，同时退回货款1 200.00美元。当日的汇率为USD1=CNY7.103 6。暂不考虑相关税费的退还处理。

① 2月29日，确认退货处理。境外商家承诺退货退款。组织境内客户退货，同时冲减境内销售收入、销售成本和增值税销项税额。

冲减的主营业务成本 =1 200.00×7.103 2=8 523.84（元）

借：库存商品——自营进口商品——护肤品　　　　8 523.84
　　贷：主营业务成本——自营进口销售成本　　　　8 523.84

冲减的主营业务收入 =600.00×20=12 000.00（元）

冲减的增值税销项税额 =12 000.00×13%=1 560.00（元）

借：主营业务收入——自营进口销售收入——护肤品　12 000.00
　　应交税费——应交增值税（销项税额）　　　　　1 560.00
　　贷：应付账款——应付境内账款——××公司　　13 560.00

② 当天向税务机关申请退还20套质量不合格的进口护肤品并装船发运。

应收账款入账金额 =20×60.00×7.103 6=8 524.32

借：应收账款——应收外汇账款　　　　　　　　　8 524.32
　　贷：库存商品——自营进口商品——护肤品　　　8 523.84
　　　　财务费用——汇兑损益　　　　　　　　　　　0.48

③ 假设3月11日收到境外出口方支付的赔偿款1 200.00美元，当天汇率为USD1=CNY7.096 9。

实际收到的赔偿款折算为人民币 =1 200.00×7.096 9=8 516.28（元）

与应收取的外汇账款折算的人民币金额 8 524.32 元相比，少了 8.04 元（8 524.32-8 516.28），说明发生了汇兑损失，确认财务费用，记借方。

借：银行存款——美元户　　　　　　　　　　　8 516.28
　　财务费用——汇兑损益　　　　　　　　　　　　8.04
　　贷：应收账款——应收外汇账款——××公司　8 524.32

④向境内客户理赔时，按照前期确认的应付账款理赔。

借：应付账款——应付国内账款——××公司　　13 560.00
　　贷：银行存款——人民币户　　　　　　　　 13 560.00

该案例中，外贸公司从境外出口商处获得的赔偿款比需要理赔给境内客户的赔偿款少，是因为涉及的进口关税、进口消费税和进口增值税等还尚未确认退还。当这些进口税费经税务机关审核同意退还时，外贸公司要相应冲减主营业务成本，其中，进口增值税的退还不能冲减主营业务成本，因为进口时增值税进项税额就没有计入采购成本。

如果该案例中发生的是护肤品缺损，且责任在于境内运输公司。那么，外贸公司可以让境内客户直接联系运输公司赔偿；也可以由外贸公司联系保险公司赔偿。如果是境内客户直接联系运输公司赔偿，则外贸公司不需要做任何账务处理；如果是外贸公司联系保险公司赔偿，则根据保险公司承诺赔偿金额做账。

借：其他应收款——保险公司赔偿
　　贷：应付账款——应付境内账款　××公司

实际收到保险公司赔偿款并将赔款转交给境内客户。

借：银行存款——人民币户
　　贷：其他应收款——保险公司赔偿

借：应付账款——应付境内账款——××公司
　　贷：银行存款——人民币户

4.3 代理进口业务的核算

代理进口业务是指有进出口经营资格的进口企业接受有货物进口需求但对进口业务不熟悉或有其他原因不能实施进口业务的公司的委托，代理委托方与境外出口商签订进口贸易合同，并负责对外履行合同的业务。受托方一般为船运公司、外贸公司、货代公司等。

代理进口一般由代理商操作，在进口的过程中，进口代理商作为发货人和收货人之间的中间人，在操作时收取佣金，但一般不承担信用、汇兑和市场风险，不拥有进口商品的所有权。本节就来看看代理进口业务的相关核算内容。

代理进口业务中的代理企业（受托方）不负担代理业务的盈亏。如果代理企业负担盈亏，则不属于代理进口业务，而成了转销业务。转销业务属于自营性质，应按自营进口业务处理。

而且，代理进口商品的境外货款、境外运保费、进口税金以及各种境内费用都由委托方自行承担。境外出口方支付的进口佣金和理赔款等也全部交给委托方，受托代理的外贸企业只承担间接费用，如开证费、电信费等。受托方根据进口商品的CIF价，按与委托方约定的代理手续费率向委托方收取代理手续费，将其作为代理开支和盈利，需按规定缴纳增值税。

代理进口所需的外汇通常由委托方负责，如果受托代理的外贸企业代购外汇，则手续费由委托方承担，这种情况下，委托方一般需要向受托方预付采购进口商品的货款，受托方在委托方付款后才能签订代理进口合同并对外开立信用证。

很显然，代理进口业务需要签订代理进口合同或协议，详细约定代理进口商品的名称、规格、付款条件、费用负担、风险责任以及手续费等内容，明确委托方与受托方的权利与义务。

外贸企业开展代理进口业务，应以开出代理进口结算单并向委托方办理货款结算的时间确认其销售收入的实现，即代理费收入的实现。

下面按照代理进口业务的大致流程，讲解相关业务核算内容。

①受托方与委托方进行充分协商，双方签订代理进口协议，向委托方预收采购资金。

借：银行存款——人民币户（或美元户）

　　贷：预收账款——××公司

②经委托方确认，受托方与委托方指定的境外出口商签订进口合同，向境外出口商开具信用证。受托方收到银行转来的境外全套结算单据时，经审核无误后向出口商付款。

借：预收账款——××公司

　　贷：银行存款——美元户

③支付代理进口商品的运输费和保险费。

借：预收账款——××公司——境外运保费

　　贷：银行存款——美元户

④进口商品抵达我国口岸前三天至五天通知委托方准备接货，此时不需要做账务处理。

⑤委托方将报关所需的手续费划入代理方的指定账户，代理方办理报关报检。受托方为委托方代缴进口税费，主要包括海关征收的进口关税、消费税和增值税。这些税费均由委托方自行承担。

借：预收账款——××公司——进口税费

　　贷：应交税费——应交进口关税

　　　　　　——应交消费税

　　　　　　——应交增值税（进项税额）

实际缴纳进口税费时，受托方需用自己的存款支付。

借：应交税费——应交进口关税

　　　　——应交消费税

　　　　——应交增值税（进项税额）

　　贷：银行存款——人民币户

⑥与委托方清算钱款。

受托方与委托方清算钱款主要包括以 CIF 价为基础的进价、进口税金、各项费用和代理手续费。

计提需要向委托方收取的代理手续费。

借：预收账款——××公司

贷：主营业务收入（或其他业务收入）——代理进口手续费
应交税费——应交增值税（销项税额）

根据代理进口商品结算单与委托方结算货款，当委托方预付给受托方的货款还有剩余时，应将多余的款项退还给委托方。

借：预收账款——××公司

贷：银行存款

当委托方预付给受托方的货款不足时，受托方应向委托方补收。

借：银行存款

贷：预收账款——××公司

下面通过一个实际案例来学习进口代理业务的核算处理。

实例讲解 公司代理进口业务涉及的核算工作内容

某外贸公司为增值税一般纳税人，代理进口业务并不是主营业务。2月接受 C 公司的委托进口一批商品，以 FOB 价成交。下面是这项代理进口业务的过程以及对应的账务处理。

①2月8日，外贸公司收到 C 公司预付款 150.00 万元。

借：银行存款——人民币户　　　　　　　1 500 000.00

贷：预收账款——C 公司　　　　　　　　1 500 000.00

②2月9日，外贸公司购汇支付代理进口业务发生的境外运费和保险费分别为 2 400.00 美元和 600.00 美元，当日美元的银行卖出价为 7.217 1 元。

境外运保费折算为人民币金额 =（2 400.00+600.00）×7.217 1=21 651.30(元)

借：预收账款——C 公司　　　　　　　　21 651.30

贷：银行存款——美元户　　　　　　　　21 651.30

③2月19日，外贸公司收到银行转来的出口方递交的全部结算单据，货款共120 000.00美元，其中明佣1 800.00美元。经审核无误，扣除佣金后外贸公司购汇付款，当日美元的银行卖出价为7.215 6元。

购汇折算的人民币金额=（120 000.00-1 800.00）×7.215 6=852 883.92（元）

借：预收账款——C公司　　　　　　　　　　852 883.92
　　贷：银行存款——美元户　　　　　　　　　　852 883.92

④2月20日，外贸公司按照代理进口合同的约定，向C公司收取代理进口手续费3 600.00美元，并开出增值税专用发票，税率6%，当日汇率为USD1=CNY7.106 8。

代理进口手续费对应的增值税销项税额折算的人民币金额=3 600.00×6%×7.1068=1 535.07（元）

代理进口手续费折算的人民币金额=3 600.00×7.106 8=25 584.48（元）

借：预收账款——C公司　　　　　　　　　　27 119.55
　　贷：其他业务收入——代理进口手续费　　　　25 584.48
　　　　应交税费——应交增值税（销项税额）　　1 535.07

⑤2月26日，代理进口的商品运抵我国口岸，外贸公司向海关申报应缴纳的进口关税437 142.00元，增值税113 656.92元。当日汇率为USD1=CNY7.108。

借：预收账款——C公司　　　　　　　　　　550 798.92
　　贷：应交税费——应交进口关税　　　　　　　437 142.00
　　　　　　　　——应交增值税（进项税额）　　113 656.92

⑥2月27日，外贸公司代缴代理进口商品应缴纳的关税和增值税。

借：应交税费——应交进口关税　　　　　　　　437 142.00
　　　　　　——应交增值税（进项税额）　　　113 656.92
　　贷：银行存款——人民币户　　　　　　　　　550 798.92

⑦2月28日，根据代理进口业务的结算清单，外贸公司向C公司结清余款。

总共需要C公司负担的款项=21 651.30+852 883.92+27 119.55+550 798.92=1 452 453.69（元）

而C公司向外贸公司预付了1 500 000.00元，说明外贸公司代理进口商品支付相关货款与费用后，还剩47 546.31元（1 500 000.00-1 452 453.69），因此外贸公司要将剩余钱款退还给C公司，同时做账。

借：预收账款——C公司　　　　　　　　　　47 546.31

　　贷：银行存款——人民币户　　　　　　　　47 546.31

如果这个案例中的C公司一开始只向外贸公司预付了140.00万元的钱款，那么此时不足以支付外贸公司代理进口商品支出的钱款，外贸公司需向C公司补收52 453.69元（1 452 453.69-1 400 000.00），并做账。

借：银行存款——人民币户　　　　　　　　　52 453.69

　　贷：预收账款——C公司　　　　　　　　　52 453.69

4.4　技术进口业务的核算

技术进口是指通过贸易、投资或者经济技术合作等方式将技术从中国境外转移到中国境内的行为。这里的技术包括专利权转让、专利申请权转让、技术秘密转让以及技术服务转让等。技术进口业务涉及公司的无形资产变动，账务处理与无形资产的确认有关。下面对此作简单介绍。

4.4.1　技术进口业务的主要方式

国家鼓励先进、适用的技术进口，常见的技术进口方式有技术许可、特许专营、咨询服务以及合作经营等，简单介绍见表4-1。

表4-1　技术进口的主要方式

方式	简述
技术许可	技术许可是技术进口方式中使用最广泛、普遍的一种，专利、商标或专利技术的所有人向被许可方授予某项权利，允许被许可方按照许可方拥有的技术制造并销售相关产品。这种方式下约定被许可方向许可方支付一定的技术使用费
特许专营	指一家公司将其商标、商号名称、服务标志、专利或者专有技术转让给另一家公司的技术转让行为。受让方有权使用转让方的商标、商号名称、服务标志、专利或者专有技术，同时需要向转让方支付一定的特许权使用费

续上表

方式	简述
咨询服务	技术需求方通过与技术拥有方签订技术服务合同，获取技术拥有方提供的技术劳务，从而完成某项服务工作，此时技术需求方要向技术拥有方支付一定的技术服务费
合作经营	两个或两个以上的法人或自然人通过订立合作经营合同，在合同有效期内由合同当事人一方或各方提供有关技术、设计方案或某些生产用设备，并在合作过程中实现技术转让

注意，属于禁止进口的技术，不得进口。属于限制进口的技术，实行许可证管理，应向国务院外经贸主管部门提出技术进口申请并附有关文件，未经许可，不得进口。

技术进口经许可的，由国务院外经贸主管部门颁发技术进口许可证。技术进口合同自技术进口许可证颁发之日起生效。

对属于自由进口的技术，实行合同登记管理。合同自依法成立时生效，不以登记为合同生效的条件。

申请人可以凭技术进口许可证或者技术进口合同登记文件，办理外汇、银行、税务和海关等相关手续。

经许可或者登记的技术进口合同终止的，应及时向国务院外经贸主管部门备案。

4.4.2　技术进出口与一般货物进出口的对比分析

外贸人员开展技术进口业务，需要外贸会计正确核算技术进口的账目，了解技术进出口与一般货物进出口的区别，见表4-2。

表4-2　技术进出口与一般货物进出口的区别

不同点	技术进出口	一般货物进出口
交易标的性质不同	标的是无形的知识或知识产品，计量、论质和定价的标准都比较复杂	标的是有形的物质商品，易计量、论质和定价
交易双方当事人不同	交易双方当事人一般是同行，且卖方一般不是为了转让技术而开发技术，而是为了自己使用技术才开发技术	交易双方当事人一般不是同行，且卖方始终以销售为目的

续上表

不同点	技术进出口	一般货物进出口
交货过程不同	交货是传授技术知识、经验和技艺的过程，复杂且漫长	交货是实物移交，过程比较简单
转让权限不同	转让的只是技术的使用权，技术的所有权仍然归技术出口方所有	货物一经售出，出口方就会失去对货物的所有权
所涉及的问题和法律不同	涉及的问题多、复杂且特殊，如工业产权保护、技术风险、技术定价、限制与反限制、保密、权利和技术保证等。涉及的国内法律、国际法律和公约等比货物进出口多	基本不涉及工业产权保护、技术风险、技术定价、权利和技术保证等问题。涉及的国内法律、国际法律和公约等比技术进出口少
政府干预程度不同	国家出于安全和经济利益考虑，对技术进出口的干预程度较大，出口审查较严，技术引进也实行严格管理	货物进出口基本上没有特殊的限制和干预

4.4.3 技术进口的账务核算

外贸企业从境外引进技术，发生的成本包括购买价款、相关税费以及直接归属于使该项无形资产达到预定用途所发生的其他支出。

实际进口业务中，款项的支付方式有多种，简单介绍见表4-3。

表4-3 技术进口的支付方式

支付方式	简述	优劣与适用情景
一次总算，一次总付	指技术进口合同的当事人将合同价款一次算清并一次性付全款	这种方式下，交易风险全部由技术受让方承担，对转让方比较有利。适用于价格较低的技术合同，支付便利
一次总算，分期支付	指技术进口合同的当事人将合同价款一次算清，但分批次向转让方支付钱款	这种方式下，双方当事人都需要承担一定的风险，是实务中比较常用的支付方式
仅提成支付	指技术受让方将技术实施后产生的经济效益按照一定比例与期限支付给转让方，作为受让技术的价金	这种方式下，双方当事人可以公平合理地分担交易风险。适用于技术比较成熟、市场前景稳定、技术价格较高的技术交易项目
入门费加提成支付	指技术受让方先在一定期限内向技术转让方支付一部分固定的价款，常被称为"入门费"，然后将余款以提成方式分期支付	这种方式下，双方当事人既可以公平合理地分担交易风险，也可以给予转让方一些固定的技术投入补偿。适用于履行期长、技术价格和水平均高的项目

下面通过具体的实例来比较并学习这几种支付方式对应的账务处理。

实例讲解 从境外引进技术采用不同的支付方式的不同账务处理

1月2日，某外贸公司以300.00万美元的价格从美国某公司购入一项技术服务，当日汇率为USD1=CNY7.077，增值税税率为6%，合同约定，境外出口方代扣的税款全部由国内外贸公司承担，预提企业所得税税率15%。当日公司全额支付了价款，暂不考虑附加税费。

①这种情况下，合同价款300.00万美元是境外企业的净所得，出口方得到300.00万美元后，不承担代扣的各种税费，因此，合同价款300.00万美元不是含增值税价款。预提企业所得税和增值税，确认无形资产入账金额。

预提的企业所得税折算为人民币金额=3 000 000.00×7.077×15%=3 184 650.00（元）

预提的进口增值税折算为人民币金额=3 000 000.00×7.077×6%=1 273 860.00（元）

无形资产入账金额=3 000 000.00×7.077+3 184 650.00=24 415 650.00（元）

实际支付价款折算为人民币金额=3 000 000.00×7.077=21 231 000.00（元）

借：无形资产——引进技术服务　　　　　　24 415 650.00
　　应交税费——应交增值税（进口增值税）　1 273 860.00
　　贷：应付账款——应付外汇账款——××公司　21 231 000.00
　　　　应交税费——代扣增值税　　　　　　1 273 860.00
　　　　　　　　——代扣预提所得税　　　　3 184 650.00

②向境外出口方实际支付货款。

支付扣税后的净价款=21 231 000.00（元）

借：应付账款——应付外汇账款——××公司　21 231 000.00
　　应交税费——代扣增值税　　　　　　　　1 273 860.00
　　　　　　——代扣预提所得税　　　　　　3 184 650.00
　　贷：银行存款——美元户　　　　　　　　25 689 510.00

如果该外贸公司没有在1月2日一次性付清货款，而是分两次付清，当月支付 150.00 万美元，2 月 2 日再支付 150.00 万美元，当日汇率为 USD1=CNY 7.1006。那么又该如何做账呢？

① 2 月 1 日付款时，预提所得税和增值税。

预提的企业所得税折算为人民币金额 =3 000 000.00×7.077×15%= 3 184 650.00（元）

预提的进口增值税折算为人民币金额 =3 000 000.00×7.077×6%= 1 273 860.00（元）

无形资产入账金额 =3 000 000.00×7.077+3 184 650.00=24 415 650.00（元）

实际支付价款折算为人民币金额 =1 500 000.00×7.077=10 615 500.00（元）

长期应付款的入账金额 =1 500 000.00×7.077=10 615 500.00（元）

借：无形资产——技术服务费　　　　　　　　24 415 650.00

　　应交税费——应交增值税（进口增值税）　 1 273 860.00

　贷：银行存款——美元户　　　　　　　　　10 615 500.00

　　　长期应付款——应付外汇账款——××公司　10 615 500.00

　　　应交税费——代扣增值税　　　　　　　 1 273 860.00

　　　　　　——代扣预提所得税　　　　　　 3 184 650.00

② 2 月 2 日支付剩余价款时，结转长期应付款。

实际的长期应付款折算为人民币金额 =1 500 000.00×7.1006=10 650 900.00（元）

此时与前期确认的长期应付款相比，增加了 35 400.00 元（10 650 900.00 - 10 615 500.00），需要多支付，表现为汇兑损失，确认财务费用，记借万。

借：长期应付款——应付外汇账款——××公司　10 615 500.00

　　应交税费——代扣增值税　　　　　　　　 1 273 860.00

　　　　　　——代扣预提所得税　　　　　　 3 184 650.00

　　财务费用——汇兑损益　　　　　　　　　　35 400.00

　贷：银行存款——美元户　　　　　　　　　15 109 410.00

如果外贸公司与美国公司签订的技术服务合同约定每年按照外贸公司年收入的 20% 支付技术服务费，合同期限为五年。假设第一年外贸公司的销售收入为300.00万元，第二年销售收入为400.00万元，这两年的服务费按期支付，第一年年底汇率为USD1=CNY7.077，第二年年底汇率为USD1=CNY7.100 6。依然是进口方自行负担预提所得税和增值税，该外贸公司有外汇存款账户，无须购汇，增值税税率为6%，预提15%的所得税。暂不考虑未确认融资费用的处理。

①第一年年底付款，预提所得税和增值税。

技术服务费=3 000 000.00×20%=600 000.00（元）

企业所得税=600 000.00×15%=90 000.00（元）

进口增值税=600 000.00×6%=36 000.00（元）

无形资产入账金额=600 000.00+90 000.00=690 000.00（元）

借：无形资产——引进技术服务　　　　　　690 000.00
　　应交税费——应交增值税（进口增值税）　36 000.00
　　　贷：银行存款——美元户　　　　　　　　　　600 000.00
　　　　　应交税费——代扣增值税　　　　　　　　36 000.00
　　　　　　　　　——代扣预提所得税　　　　　　90 000.00

借：应交税费——代扣增值税　　　　　　　36 000.00
　　　　　　——代扣预提所得税　　　　　90 000.00
　　　贷：银行存款——美元户　　　　　　　　　　126 000.00

②第二年年底付款，预提所得税和增值税。

技术服务费=4 000 000.00×20%=800 000.00（元）

企业所得税=800 000.00×15%=120 000.00（元）

进口增值税=800 000.00×6%=48 000.00（元）

无形资产入账金额=800 000.00+120 000.00=920 000.00（元）

借：无形资产——引进技术服务　　　　　　920 000.00
　　应交税费——应交增值税（进口增值税）　48 000.00
　　　贷：银行存款——美元户　　　　　　　　　　800 000.00
　　　　　应交税费——代扣增值税　　　　　　　　48 000.00
　　　　　　　　　——代扣预提所得税　　　　　　120 000.00

借：应交税费——代扣增值税　　　　　　　48 000.00
　　　　　——代扣预提所得税　　　　　120 000.00
　贷：银行存款——美元户　　　　　　　　168 000.00

以此类推，后三年的账务处理也并不难，直接借鉴前两年的账务处理。

从案例计算结果来看，不同外贸公司从国外引进技术采取的支付方式不同，具体的账务处理不同，最终需要付出的代价也会不同。第一种方式下，外贸公司支付的价款折算为人民币共25 689 510.00元；第二种方式下，外贸公司支付的价款折算为人民币共25 724 910.00元（10 615 500.00+15 109 410.00）；第三种方式由于需要核算五年的技术服务费开支，而案例中只列举了前两年的账务处理，无法准确核算总共需要支付的金额。

需要注意的是，代扣的税款由谁负担，会直接影响账务处理细节。

另外，入门费加提成的支付方式的账务处理可以结合案例中介绍的三种账务处理完成，这里不作详述。

至于技术出口业务的核算，由于账务处理比较简单，因此本书没有特别介绍。

第5章

加工贸易与补偿贸易的核算

  加工贸易是指外贸公司对进口原材料或半成品进行加工，后续将产成品销往国外的贸易方式，它主要包括来料加工和进料加工两类。而补偿贸易通常与加工贸易相结合，持续时间较长，多数情况下需要金融机构直接或间接参与。本章就来看看这两类进出口贸易的账务核算内容。

5.1 进料加工与来料加工的账务处理

进料加工和来料加工都属于加工贸易范畴，但因为业务程序不同，所以账务处理会有差别，下面分别介绍。

5.1.1 进料加工业务的账务核算

进料加工是指在我国境内具有进出口权的企业用外汇从境外购买原材料、辅料、零部件、元器件和包装物等，经加工制成成品或半成品后再销往境外的出口贸易形式。

进料加工贸易包括两大环节：一是进料加工环节，二是加工后复出口环节。

而进料加工环节又分为进料环节和加工环节，各环节的业务核算与账务处理如下所示：

1. 从境外进口料件

实际上，外贸企业从境外进口料件的账务处理可以参考本书第四章的内容，但因为进料加工后会复出口，因此账务处理中有一些细节不同。

①外贸公司从境外进口料件，收到银行转来的境外出口商提供的全套进口单据时要做账。无论外贸公司进口料件后是自己加工还是委托加工，此时进口料件均还未验收入库，所以只编制如下会计分录：

借：在途物资——在途进料加工物资
　　贷：应付账款——应付外汇账款

②实际向境外出口商支付进口料件的货款时，编制如下会计分录：

借：应付账款——应付外汇账款
　　贷：银行存款——外币户

2. 对进口料件进行加工出口

①进口料件抵达我国口岸时，如果外贸公司进口料件后委托其他工厂加工，则编制如下会计分录：

借：委托加工物资——进料加工商品

　　贷：在途物资——在途进料加工物资

如果外贸公司进口料件后自行加工，则编制如下会计分录：

借：原材料——进料加工材料

　　贷：在途物资——在途进料加工物资

借：生产成本

　　贷：原材料——进料加工材料

②加工商品完工交货时，如果是其他工厂加工交货，按照与工厂签订的代加工合同约定的加工费入账，编制如下会计分录：

借：委托加工物资——进料加工商品（按约定加工费入账）

　　应交税费——应交增值税（进项税额）

　　贷：银行存款——人民币户

如果是外贸公司自行生产完工交货，在生产过程中按照实际生产人工支出和其他制造费用支出结转生产成本。

借：生产成本——工资

　　贷：应付职工薪酬——工资

借：生产成本——辅助生产成本

　　贷：制造费用——水电费／生产车间管理人员工资等

③当商品完工交货，由外贸公司验收入库时，如果是请工厂代加工，则编制如下会计分录：

借：库存商品——进料加工出口商品

　　贷：委托加工物资——进料加工商品

如果是外贸公司自行加工完成后验收入库，则编制如下会计分录：

借：库存商品——进料加工出口商品

　　贷：生产成本——工资

　　　　　　——辅助生产成本

④将进料加工商品向境外复出口时，确认销售收入，同时结转销售成本，编制如下会计分录：

借：应收账款——应收外汇账款

　　贷：主营业务收入——进料加工出口销售收入

借：主营业务成本——进料加工出口销售成本

　　贷：库存商品——进料加工出口商品

由于我境对出口贸易实行了比较多的税收优惠政策，因此出口业务的核算工作中一般不考虑增值税和消费税的处理。

下面通过一个具体的实例看看进料加工复出口业务的核算内容。

实例讲解　外贸公司进料复出口业务的核算与账务处理

某外贸公司为增值税一般纳税人，有自己的生产工厂。2月1日与美国某公司签订了加工合同，从美国公司进口原材料5 000公斤，约定加工生产10 000件女装，每件加工费30.00美元，当日汇率为USD1=CNY7.104 9。2月7日收到美国公司发来的材料，该材料15.00美元/公斤，货款共75 000.00美元。暂不考虑相关税费的处理。

2月1日签订合同，同时收到银行转来的外国公司提供的全套进口单据，会计人员据此做账。此时进口原材料还未收到。

在途物资的入账金额折算为人民币 =75 000.00×7.104 9=532 867.50（元）

借：在途物资——在途进料加工×× 　　　　532 867.50

　　贷：应付账款——应付外汇账款——××公司　532 867.50

2月7日收到材料并验收入库。当天收到美国公司提供的进口全套单据，向美国公司支付材料价款，当天汇率为USD1=CNY7.104 9。

借：原材料——进料加工×× 　　　　　　　532 867.50

　　贷：在途物资——在途进料加工×× 　　　532 867.50

借：应付账款——应付外汇账款——××公司　532 867.50

　　贷：银行存款——美元户　　　　　　　　532 867.50

收到原材料当天外贸公司就按照生产计划将全部材料领用出库进入生产

环节。此时会计人员要凭借公司仓管部门出具的进料加工物资出库单做账。

  借：生产成本——进料加工商品——女装 532 867.50
    贷：原材料——进料加工×× 532 867.50

2月28日女装加工完毕，经会计人员统计该批女装的生产成本为646 700.00元，其中员工工资582 500.00元，制造费用64 200.00元。

  借：生产成本——工资 582 500.00
    ——辅助生产成本 64 200.00
    贷：应付职工薪酬——工资 582 500.00
     制造费用 64 200.00

外贸公司仓管部门将该批商品验收入库，会计人员做库存商品增加的账务处理。

  借：库存商品——进料加工出口商品 1 179 567.50
    贷：生产成本——进料加工商品——女装 532 867.50
     ——工资 582 500.00
     ——辅助生产成本 64 200.00

2月29日，财务部门收到储运部门转来的加工商品出库单，列明这批女装已经出库装船。

  借：发出商品——进料加工出口商品 1 179 567.50
    贷：库存商品——进料加工出口商品 1 179 567.50

29日当天外贸公司以银行存款支付这批女装的境内运费和装船费共1 500.00元。

  借：销售费用——加工出口境内运杂费 1 500.00
    贷：银行存款——人民币户 1 500.00

3月4日，外贸公司支付这批女装的境外运保费共2 000.00美元，当日汇率为USD1=CNY7.102。

公司支付的境外运保费冲减出口销售收入折算为人民币金额=2 000.00×7.102=14 204.00（元）

  借：主营业务收入——进料加工出口销售收入 14 204.00

　　　　贷：银行存款——美元户　　　　　　　　　14 204.00

　　4日当天，外贸公司向银行交单，此时需要确认加工费收入，同时结转进料加工出口销售成本。

　　加工费收入折算的人民币金额=30.00×10 000×7.102=2 130 600.00（元）

　　借：应收账款——应收外汇账款——××公司　　2 130 600.00
　　　　贷：主营业务收入——进料加工出口销售收入　2 130 600.00
　　借：主营业务成本——进料加工出口销售成本　　1 179 567.50
　　　　贷：发出商品——进料加工出口商品　　　　1 179 567.50

　　3月12日，收到银行转来的收账通知，30.00万美元的加工费已收妥，银行扣除了150.00美元的手续费，其余部分已存入外贸公司的外币存款账户。当日汇率为USD1=CNY7.096 3。

　　实际入账的加工费折算的人民币金额=300 000.00×7.096 3=2 128 890.00（元）

　　实际存入外贸公司外币存款账户的加工费=（300 000.00-150.00）×7.096 3=2 127 825.55（元）

　　手续费折算的人民币金额=150.00×7.096 3=1 064.45（元）

　　由此可知，公司的这笔进料加工业务发生了1 710.00元（2 130 600.00-2 128 890.00）的汇兑损失，确认财务费用，即借方。

　　借：银行存款——美元户　　　　　　　　　　2 127 825.55
　　　　财务费用——手续费　　　　　　　　　　1 064.45
　　　　　　　　——汇兑损益　　　　　　　　　1 710.00
　　　　贷：应收账款——应收外汇账款——××公司　2 130 600.00

　　进料加工复出口业务的账务核算要注意明细科目的设置，如该案例中的"进料加工出口销售收入"和"进料加工出口销售成本"，要与一般的出口销售收入和出口销售成本做好区分。

5.1.2　来料加工与进料加工的不同之处

　　来料加工最明显的特点是接受料件方不垫付资金，一般出口结算在前，进口结算在后。进料环节不动用外汇,不对开信用证。那么,来料加工和进料加工相比,究竟有什么不同呢?简单说明见表5-1。

表5-1 来料加工与进料加工的区别

不同点	来料加工	进料加工
接收物料方承担的风险大小不同	来料加工的进口料件由境外商家无偿提供,不需要接受物料方垫付资金,风险更小	进料加工的进口料件需由接受料件方用外汇购买,需要先垫付资金,风险相对较大
加工复出口的买方不同	来料加工的买卖方变换了角色,发出物料的外商最终成为加工复出口业务中的买方,而接受物料的一方最终成为加工复出口业务中的卖方	进料加工后出售,售出物料的外商不一定就是成品出口的买方
结算方式不同	来料加工复出口业务中,作为接受进口物料的一方,对出口货物不作价,只按照与发出物料的外商的合同约定收取加工费	进料加工复出口业务中,在进口物料环节,接受物料一方要向外商支付货款;而成品复出口环节,出口成品的一方(即接受物料的一方)需要向外商收取外汇
征税方式不同	来料加工复出口的货物实行"不征不退"的征税方式	进料加工复出口的货物实行"先征后退"的征税方式

这些是来料加工复出口与进料加工复出口业务的明显区别。因此,在进行业务核算和账务处理时也会有所不同。

5.1.3 来料加工的账务核算

来料加工与进料加工一样,分为两种形式:一种由外贸公司代理,另一种由外贸公司自营。来料加工代理形式就是指外贸公司与加工企业一起对外签订合同,由加工企业直接承担生产,通过外贸公司办理出口结汇,收取外汇手续费。

来料加工自营形式就是由外贸公司独立对外签订合同,自行负责加工补偿业务、组织生产。

下面就分别介绍这两种形式的来料加工业务的核算工作。

1. 外贸公司开展来料加工代理业务

在来料加工贸易中,外商提供的原辅料和包装材料等一般是不计价的。

如果由外贸公司代理，将来料交付给加工企业生产，那么由外贸公司和加工企业共同向提供料件的外商收取工缴费。

这种贸易方式下，外贸公司不是交易主体，材料不对外作价，只按照进口料件的数量入账，而出口阶段按照代理方式入账。

①外贸公司收到外商提供的原辅材料和包装材料等，通过备查账簿在表外科目作单式记账，只核算进口料件的数量。

借：外商来料——进口材料（按照数量入账）

②外贸公司委托加工企业生产时，通过备查账簿在表外核算数量。

借：拨出来料——进口材料

　　贷：外商来料——进口材料（按照数量入账）

③加工企业完成生产并将成品交给外贸公司，此时外贸公司需通过备查账簿在表外核算数量。

借：代管物资——来料加工（按照数量入账）

　　贷：拨出来料——进口材料

④外贸公司办理对外出口托运，依然通过备查账簿在表外核算数量。

借：代管物资——来料加工出口商品

　　贷：代管物资——来料加工（按照数量入账）

⑤外贸公司收到银行转来的外商提供的全套单据，在表内做账，确认其他业务收入。

借：应收账款——应收外汇账款——××公司

　　贷：其他业务收入——来料加工代理收入——委托方

⑥外贸公司支付境内运保费，冲减其他业务收入。

借：其他业务收入——来料加工代理收入

　　贷：银行存款——外币户

⑦为加工企业垫付境内费用，冲减外贸公司应向加工企业支付的货款，即冲减应付账款。

借：应付账款——应付境内账款——××公司

贷：银行存款——人民币户

⑧收到外商支付的工缴费，确认应支付给加工企业的金额以及冲减应向外商收取的应收账款。

借：银行存款——外币户

　　贷：应收账款——应收外汇账款——××公司

　　　　应付账款——应付境内账款——××公司

在这个会计分录中，"应收账款——应收外汇账款——××公司"科目按照外贸公司应向外商收取的工缴费金额核算；"应付账款——应付境内账款——××公司"科目按照外贸公司应向加工企业支付的加工费金额核算。

⑨外贸公司与加工企业进行钱款结算，结转应付账款，同时确认应向加工企业收取的代理费。

借：应付账款——应付境内账款——××公司

　　贷：其他业务收入——来料加工代理收入——受托方

　　　　银行存款——人民币户

在这个会计分录中，"银行存款"科目核算的是外贸公司实际向加工企业支付的款项金额，它主要是加工企业应得的加工费减去需支付给外贸公司的代理费后的余额。

⑩外贸公司计提应缴纳的相关税费以及实际缴纳税费时的账务处理。

借：其他业务成本（或税金及附加）——来料加工代理成本

　　贷：应交税费——应交××税等

借：应交税费——应交××税等

　　贷：银行存款——人民币户

2. 外贸公司开展来料加工自营业务

来料加工贸易中，如果外贸企业自行加工出口，账务处理如下所示：

①外贸公司收到外商提供的原辅材料和包装材料等，依然通过备查账

簿在表外科目作单式记账，只核算进口料件的数量。

借：外商来料——进口材料（按照数量入账）

②拨料给生产部门或自己的加工厂，通过备查账簿在表外核算数量。

借：代管物资——来料加工

贷：外商来料——进口材料（按照数量入账）

③加工完成后将成品验收入库，通过备查账簿在表外核算数量。

借：代管物资——来料加工出口商品

贷：代管物资——来料加工（按照数量入账）

④外贸公司办理出口托运和交单手续，此时要通过备查账簿在表外核算数量。同时根据外商提供的全套单据，在表内做账，确认其他业务收入或者主营业务收入。

借：发出商品——来料加工出口商品

贷：代管物资——来料加工出口商品

借：应收账款——应收外汇账款——××公司

贷：其他业务收入（或主营业务收入）——来料加工自营收入

⑤外贸公司支付境外运保费时，冲减其他业务收入或主营业务收入。

借：其他业务收入（或主营业务收入）——来料加工自营收入

贷：银行存款——外币户

⑥支付境内费用，确认其他业务成本或主营业务成本。

借：其他业务成本（或主营业务成本）——来料加工自营成本

贷：银行存款——人民币户

⑦收到外商支付的工缴费，入账核算。

借：银行存款——外币户

贷：应收账款——应收外汇账款——××公司

来料加工贸易涉及的业务核算可能与常用的复式记账有所区别，尤其是加工企业加工完成后将成品交给外贸公司出口环节开始，表外账就要过渡到表内账，这里避免引起矛盾，不进行具体的案例解析，感兴趣的可以自行学习研究如何在这类业务中做账。

5.1.4　化解外贸企业来料加工业务里的风险

外贸企业来料加工业务存在的风险主要从海关、税务和外汇这三个方面考量。下面先通过一个实际案例来看看外贸企业在来料加工业务中可能陷入什么风险。

实例讲解　外贸公司开展来料加工业务陷入风险

2024年2月，国内某外贸公司向当地海关申报进口一批材料60 000件，出口已加工商品50 000套。公司内部相关人员向海关申报的贸易方式为进料加工。然而经济事实却是该外贸公司进口材料的供应商和委托加工方均为同一个外商，这批材料进口报关后没有发生实际付汇，加工完毕的成品出口也没有相应收汇，仅由该外贸公司收取外商（即委托方）加工费。

从经济事实判断，该外贸公司的加工贸易方式应为来料加工，与其向海关申报的加工贸易方式不符。

当地海关认为，该外贸公司上述行为构成《中华人民共和国海关行政处罚实施条例》第十五条第（一）项所列的加工贸易方式申报不实影响海关统计准确性的违规行为。根据《中华人民共和国海关法》第八十六条第（三）项、《中华人民共和国海关行政处罚实施条例》第十五条第（一）项，决定对该外贸公司作出如下行政处罚：处罚款人民币××××元整。

无论罚款多少，均会对该外贸企业的经营活动产生深远影响，如可能导致公司同时受到海关缉私局、税务稽查局以及外汇管理局执法机构的调查和处理，企业将面临以下风险：

①海关风险。

企业行为被定性为错误申报行为，将来料加工贸易方式申报为进料加工贸易方式，并办理了相应的海关备案登记手续。这种错误申报行为存在的风险和影响从海关法的角度看，又细分为三个方面。

一是影响了海关统计工作的准确性。海关作为国际贸易的主管机关，依法对我国外贸的各项指标进行统计分析，其工作的正确性很大程度上依赖于进出口活动参与者的如实申报程度。而来料加工贸易与进料加工贸易分属于不同的统计科目，外贸企业将来料加工申报为进料加工，很显然就会使海关的统计结果不准确，所以企业会面临必须承担相应法律责任的风险。

二是外贸企业涉嫌走私的风险。前面我们简单介绍过，来料加工贸易实行"不征不退"的征税方式，而进料加工贸易实行"先征后退"的征税方式。如果将来料加工贸易变更备案为进料加工贸易，在某种程度上海关有可能判定企业故意骗取出口退税。此时海关非常有可能以欺诈为由，撤销加工贸易备案，从而否定企业享受的保税待遇。一旦保税待遇被否定，所有进口料件都面临补税的风险，还可能按照走私行为甚至走私罪被追究法律责任。

三是因海关给外贸公司定性而产生的蝴蝶效应。因为出口货物几乎不征税，海关很少处理此类问题，大多由税务机关处理。但税务机关不在进出口监管执法一线，所以对很多进出口事实的判断依赖于海关的告知。该案例中海关将外贸企业的错误申报行为确定下来，依据目前的工作机制，海关应将企业的违法情况告知税务机关，有时还会通知外汇管理机关。而税务机关和外汇管理机关在违法行为已经有定论的情况下，就必须对外贸企业做出处理，由此引发后续的税务违法责任和外汇违法责任。

②税务风险。

一是外贸企业可能承担税务处理和税务处罚的行政责任，因为根据相关法律、法规和政策的规定，生产企业进料加工复出口货物增值税退（免）税的计税依据是出口货物的离岸价扣除出口货物所含的海关保税进口料件的金额后确定。然而，来料加工复出口的货物实行免征增值税政策。这样一来，来料加工与进料加工在出口退税上的待遇完全不同，进料加工可以办理出口退税，而来料加工不得办理出口退税，只能享受免税待遇。如果企业将来料加工申报为进料加工并据此获得了出口退税，就可能发生将所有已经取得的退税款退回给税务机关的情况。而且，用于免税的项目其进项税额不得抵扣，如果将来料加工申报为进料加工，则进口环节的进项税额就会用于抵扣，最终被查到贸易方式申报错误后,就会被要求将进口环节的增值税进项税额做转出处理,换句话说就是要补缴增值税。这样外贸企业不仅要退回出口退税款,还需补缴因错误抵扣而少缴的增值税。除此以外,外贸企业还有可能受到停止办理出口退税、调低出口退税信用等级等税务处罚和处理,导致后续出口与退税活动的开展无法顺利进行。

二是刑事责任。外贸企业有可能被税务机关和公安机关推定为主观故意骗取出口退税,一旦犯罪主观故意被确认,即使外贸企业不承认,案件的性质也可能会朝着犯罪的方向发展,企业的相关人员可能因此被限制人身自由,主要管理人员还会被抓,会进一步导致企业生产活动陷入混乱。

③外汇风险。

进料加工贸易的交易模式涉及进口料件时的付汇行为和销售成品时的收汇行为,而收汇和付汇都必须符合外汇管理局的监管要求。超过规定期限不收汇或者不付汇的,企业必须在外汇管理系统中报备,情况严重的还必须到外汇管理局现场解释说明。

外贸企业将来料加工申报为进料加工,就会出现长期只出口货物不收汇的情况,会导致企业无法办理出口退税。有些企业此时甚至还会进行虚假收汇,取得虚假的收汇流水。这样一来,企业在外汇和税务方面的违规就会越来越多、越来越严重。

还有一些企业以加工费和料件费进行相互抵销为由做辩解,这在外汇管理和海关方面是不成立的,会被认定为违反外汇监管规定,企业将无法满足办理出口退税的条件。虽然可能逃过海关的处罚,但逃不过税务机关和外汇管理机关的惩处。

通过该案例可认识到外贸企业在来料加工贸易中可能面临的风险,并总结出以下规避风险的措施:

①从事进出口贸易的企业必须明白什么是加工贸易。加工贸易中至少有部分原辅材料、零部件、元器件和包装物料是进口的,如果全部使用国内采购的料件进行生产,则不被认定为加工贸易。至于加工或者装配的程度没有明确要求,是否必须达到税号改变的程度也没有统一标准,尽量不要进口后原样出口。

②外贸企业必须严格区分来料加工和进料加工。在对外贸易中，来料加工和进料加工必须基于交易实质作出判断，并不完全取决于境外企业与境内加工企业纸面合同上的约定。海关和相应的执法机关会依据行业交易惯例及以往交易惯例等判断贸易方式的合理性。因此，外贸企业千万不能抱有侥幸心理混淆来料加工和进料加工这两种加工贸易方式。

③外贸企业必须兼顾海关、税务和外汇管理三个方面的合规问题。将来料加工申报为进料加工，就意味着从不收汇变成了应收汇，从不退税变成了可退税，从不付汇变成了应付汇，从进项税额不可抵扣变成了进项税额可以抵扣。即使企业及时做了进出口备案变更，而海关也接受了备案变更申请，但也不代表企业后续的经营活动就是合规合法的，甚至海关备案的变更就是企业风险的开始。

因此，企业必须在进出口备案变更之前对海关、税务和外汇管理三个方面的合规问题进行综合考量。

5.2　认识外贸交易中的补偿贸易

补偿贸易常常与加工贸易结合运用，它是指买方在信贷的基础上，从国外厂商进口机器、设备和技术等，约定在一定期限内用产品或劳务等偿还货款的一种贸易方式。

一些缺乏技术和外汇的国家，常常利用这种贸易方式买进先进技术和设备，以加速国家经济发展，增强出口能力。

补偿贸易与一般贸易方式相比，具有两个基本特征：

①信贷是进行补偿贸易必不可少的前提条件。

②进口的机器、设备和技术等的供应方必须同时承诺回购进口方的产品或劳务，这是构成补偿贸易的必备条件。

注意，外贸企业进行补偿贸易应先做好项目的可行性研究，然后合理计算贷款的成本并安排偿还期限，最后还要正确处理补偿贸易涉及产品和正常出口产品的关系。

补偿贸易的补偿期可以是三年、五年,大宗交易项目还会长达20年。由于补偿贸易持续时间较长,因此它并不是进出口贸易的常见贸易方式,本节进行简单介绍,重在了解。

5.2.1 开展补偿贸易相关业务要重视的要点

补偿贸易的业务处理要点,不仅要确定补偿标的,还应约定偿还期限和结算方式等。

1. 补偿贸易的不同补偿标的

我国境内企业在开展补偿贸易过程中,通常用直接产品补偿,但也有一些不同的做法,简单介绍见表5-2。

表5-2 补偿贸易的补偿标的

类型	标的简述
全额补偿	全部设备或技术价款由等额的产品返销抵偿,标的全部是直接产品或其他产品
部分补偿	设备进口方支付部分现汇,剩余大部分价款通过返销直接产品或其他产品补偿。标的包括现汇和部分直接产品或其他产品
以相关劳务补偿	这是补偿贸易与来料加工贸易相结合的贸易方式,即设备或技术进口方引进设备或技术后,通过接受设备或技术出口方的来料加工业务,以工缴费抵偿设备或技术价款。补偿标的是来料加工劳务
超额补偿	贸易双方约定由设备出口方承诺回购超过进口技术或设备价款的返销商品,标的是价值超过进口技术或设备价款的商品

2. 偿还期限

在补偿贸易中,偿还期限与返销商品的数量和价格直接相关。补偿贸易的双方当事人必须在合同中规定返销商品的作价原则、定价标准和方法等,然后通过约定返销商品的数量或价格,确定偿还期限。

补偿贸易虽然是以产品抵偿技术或设备价款,但并不是直接的易货贸易,双方当事人仍然要通过货币进行计价支付。

3. 结算方式

补偿贸易中的技术或设备进口方通常采用的结算方式有对开信用证、

托收以及结合银行保函的汇付等。

4. 补偿贸易项下进出口货物报关手续的办理

补偿贸易涉及的原材料、零部件、元器件和设备等进口以及加工成品出口时,有关外贸公司和生产公司应持相关登记文件和填写的货物报关单等,向进出口地海关申报,同时交验货物的运单、发票和装箱单等有关单证。

补偿贸易项下进口的设备,从进口之日起至全部偿还完毕,这期间属于海关监管货物。

未经对外经贸管理部门许可和海关批准,任何单位和个人均不得擅自出售、转让、变卖或提取设备、成品以作他用。如果因故需要变卖处理的,要报经外贸主管部门许可,报海关批准,并按章补缴关税。如果进口技术或设备属于许可证管理商品,还应交验进口许可证。

5. 补偿贸易项下的成品特别处理

境内外贸易双方可在补偿贸易合同中规定将用于返销的成品转售给双方指定的第三方,且第三方必须同时在合同上签字确认,不过不能由技术或设备进口方自行销售给第三方或代替外商销售。如果补偿产品属于国家统一经营、有出口配额且需出口许可证管理的商品,还应事先报经外贸管理部门审批。

补偿贸易合同执行完毕后,技术或设备进口方可以继续出口相关产品,但对继续出口的产品和出口收购的设备及其他物资,应按照一般进出口货物办理手续,不能再作为补偿贸易的标的。

如果境内企业经营租赁进口设备的,也可以作为补偿贸易进行。比如,租赁公司自行从境外租赁、租借设备进口后转租或转借给从事补偿贸易加工企业的,须照章纳税。又比如,租赁公司接受外商委托,从外商处租赁设备进口,从事来料加工或补偿贸易的,符合补偿贸易条件的,海关会给予相应的优惠。

注意,如果境内外贸公司采取进料加工项下的加工成品作为补偿外商提供的技术或设备价款的,实际上等同于以现汇购买了有关进口技术或设备，不符合补偿贸易的有关规定，不能作为补偿贸易。

5.2.2 熟知补偿贸易与一般贸易、易货贸易的区别

易货贸易是指支付结算采用以货换货的方式，即商品经过计价后进行交换，以补充现汇不足的贸易。传统的易货贸易一般是买卖双方各以等值的货物进行交换，不涉及货币的支付，也没有第三方介入，易货双方签订一份包括相互交换抵偿货物的合同，把有关事项加以确定。在国际贸易中，使用较多的是通过对开信用证的方式完成易货贸易。

通过对本章内容的学习了解，可以概括补偿贸易与一般贸易、易货贸易的区别，见表 5-3。

表 5-3 补偿贸易与一般贸易、易货贸易的区别

区别项	补偿贸易	一般贸易	易货贸易
支付结算方式	以商品偿还为支付手段	以货币为支付手段	以商品交换为支付手段
是否需要具备信贷条件	信贷是贸易的组成部分	一般不需要以信贷为条件	不需要以信贷为条件
买卖关系繁简	交易双方既是买方也是卖方，具有双重身份	一方为买方，一方为卖方，买卖关系简单	交易双方既是买方也是卖方，具有双重身份
交易手续繁简	交易手续烦琐，有时供货或销售义务可让给第三方	交易手续比较简单	交易手续比较简单
交易持续时间	持续时间较长，有时 3～5 年，有时长达 10 年，每笔交易往往包括多次买卖活动	一次性行为，买卖过程同时发生，几乎同时结束	一次性行为，买卖过程同时发生，也几乎同时结束

5.2.3 补偿贸易涉及的账务核算

补偿贸易涉及的业务核算与账务处理实际上并不难，下面简单介绍。

1. 引入技术、设备等环节

补偿贸易项下，境内外贸公司可能引进技术，也可能引进设备、零部件、元器件等，还有可能购进一些原材料。

① 如果引进的是机器设备、零部件、元器件等，会计分录如下：

借：在建工程——进口设备（或零部件或元器件）

　　贷：长期应付款——应付外汇账款——××公司

② 如果引进的是技术，会计分录如下：

借：无形资产

　　贷：长期应付款——应付外汇账款——××公司

③ 如果进口原材料，会计分录如下：

借：原材料——补偿贸易进口材料

　　贷：长期应付款——应付外汇账款——××公司

当然，在引入技术、设备或原材料的进口环节，还会涉及关税的核算与处理，此时关税分别记入相关资产的入账成本，会计分录如下：

借：在建工程（或无形资产或原材料）

　　贷：应交税费——应交补偿贸易进口关税

而实际缴纳关税时，编制如下会计分录：

借：应交税费——应交补偿贸易进口关税

　　贷：银行存款——人民币户

2. 机器设备入境并交付使用环节

此时会计人员要将在建工程转入固定资产核算，会计分录如下：

借：固定资产——进口设备

　　贷：在建工程——进口设备（或零部件或元器件）

3. 计提长期应付款的利息

实务中，长期应付款会产生一定的利息，外贸会计应根据实际情况做好利息的计提工作。计提利息时编制如下会计分录：

借：财务费用

　　贷：长期应付款——应付外汇账款——××公司

4. 将生产完成的产品验收入库

当财务部门收到仓管部门或者加工厂递交的产品入库单时，根据相关单据做账。

借：库存商品——补偿贸易出口商品

　　贷：原材料——补偿贸易进口材料

　　　　生产成本——工资

5. 用引进的技术、设备或原材料生产的产品出口返销环节

境内外贸公司在将补偿贸易项下的产品出口返销时，需要确认主营业务收入或其他业务收入，同时结转主营业务成本或其他业务成本。相关会计分录如下：

借：应收账款——应收外汇账款——××公司

　　贷：主营业务收入（或其他业务收入）

借：主营业务成本（或其他业务成本）

　　贷：库存商品——补偿贸易出口商品

下面来看一个简单的实例，学习如何核算和进行账务处理。

实例讲解 外贸公司开展补偿贸易的业务核算过程

国内某外贸企业以补偿贸易的方式从美国某公司引进一台生产用机器设备，该设备价款为120 000.00美元，引进当天的汇率为USD1=CNY7.097 5。双方签订合同约定设备投产后以自产产品补偿价款，假设不考虑其他税费。

①外贸公司引进设备时。

机器设备入账价值折算的人民币金额=120 000.00×7.097 5=851 700.00（元）

借：在建工程——进口生产设备　　　　　　　851 700.00

　　贷：长期应付款——应付外汇账款——××公司　851 700.00

②按照市场借款利率的标准，结合贸易双方签订合同约定的计息利率，在适当的时间计提长期应付款的利息，确认财务费用。这里没有告知具体的利率，不再详解相关会计分录。

③引进的生产用机器设备投产后,每次以自产产品补偿进口设备价款时,冲减长期应付款。

借:长期应付款——应付外汇账款——××公司

　　贷:库存商品——补偿贸易出口商品

注意,这里会计分录没有写明具体的金额,会计人员只需要在补偿贸易进行过程中,按照每次向外商提供的库存商品的价值入账核算。

第6章

进出口业务纳税申报与税收政策

依据我国相关法律、法规和条例的规定，进出口货物，除国家另有明确规定外，均应当缴纳关税。而除了关税，部分货物还需缴纳增值税、消费税以及附加税费。对于外贸企业来说，应当如何进行纳税申报，有哪些税收政策需要熟知呢？这就关乎对相关税费的计缴、税收政策的学习和掌握。

6.1 进出口纳税申报事宜

纳税申报是指纳税人按照税法规定的期限和内容向税务机关提交有关纳税事项书面报告的法律行为，是纳税人履行纳税义务、承担法律责任的主要依据，是税务机关税收管理信息的主要来源和税务管理的一项重要制度。对纳税人来说，纳税申报工作比较烦琐，需要耐心处理。

6.1.1 进口增值税与消费税的核算与纳税申报

我国为了促进出口贸易，对于出口业务通常实行减免税收优惠政策，因此对外贸易的增值税和消费税的核算通常是进口增值税和消费税的核算。

但是，不同于一般增值税以生产、批发和销售等环节的增值额为征税对象，进口增值税专门针对进口环节货物的增值额征税。换句话说，凡是申报进入我国海关境内的货物，只要是报关进口，包括境外生产、我国已出口而转销境内的货物，进口方自行采购、境外捐赠的货物，进口方自用、作为对外贸易或其他用途等，均应按照规定缴纳进口环节的增值税，需要缴纳消费税的，按规定申报缴纳。

进口货物的增值税和消费税的纳税人要么是进口货物的收货人，要么是办理报关手续的单位或个人。

一般贸易进口的货物在进口环节已由海关代征缴纳增值税，这部分增值税可以申报抵扣。纳税人在进口环节凡是已经缴纳了进口增值税的，无论其是否已经支付进口货物的价款，其取得的海关完税凭证均可作为增值税进项税额抵扣证明。

根据我国相关税法的规定，纳税人进口货物时按照组成计税价格和规定的增值税和消费税税率分别计算应纳税额，不得抵扣发生在我国境外的各种税费。相关计算公式如下：

$$组成计税价格 = 关税完税价格 + 关税 + 消费税$$

$$应纳税额 = 组成计税价格 \times 适用税率$$

如果进口货物不属于消费税应税消费品，那么组成计税价格中就没有"消费税"这一部分。

下面来看一个具体的实例。

实例讲解 进口货物增值税、消费税与关税的核算与账务处理

某外贸公司2024年3月进口一批护肤品，FOB价为100 000.00美元，到达我国口岸前的运输费和保险费分别为2 600.00美元和650.00美元。公司收到外商提供的全套进口单据的当天，向外商支付货款，汇率为USD1=CNY 7.097 8，当天还支付境外运保费。已知进口货物的关税税率为10%、消费税税率为15%、增值税税率为13%。

①支付进口护肤品的价款，确认在途物资。

进口护肤品价款折算的人民币金额=100 000.00×7.097 8=709 780.00（元）

借：在途物资——自营进口商品　　　　　709 780.00

　　贷：银行存款——美元户　　　　　　　709 780.00

②支付境外运保费，计入进口商品的构成价格中。

运保费折算的人民币金额=（2 600.00+650.00）×7.097 8=23 067.85（元）

借：在途物资——自营进口商品　　　　　23 067.85

　　贷：银行存款——美元户　　　　　　　23 067.85

③申报缴纳进口关税、增值税和消费税等。

关税完税价格=709 780.00+23 067.85=732 847.85（元）

应交进口关税=732 847.85×10%=73 284.79（元）

消费税组成计税价格=（732 847.85+73 284.79）÷（1-15%）=948 391.34（元）

应交进口消费税=948 391.34×15%=142 258.70（元）

应交增值税=948 391.34×13%=123 290.87（元）

借：在途物资——自营进口商品　　　　　215 543.49

　　贷：应交税费——应交进口关税　　　　73 284.79

　　　　　　　　——应交进口消费税　　　142 258.70

④实际缴纳进口护肤品的关税、消费税和增值税。

借：应交税费——应交进口关税　　　　　　　73 284.79
　　　　　　——应交进口消费税　　　　　　142 258.70
　　　　　　——应交增值税（进项税额）　　123 290.87
　　贷：银行存款——人民币户　　　　　　　338 834.36

⑤进口商品入库时，增加库存商品的账面余额。

进口护肤品的入账价值 =709 780.00+23 067.85+215 543.49=948 391.34（元）

借：库存商品——自营进口商品　　　　　　948 391.34
　　贷：在途物资——自营进口商品　　　　　948 391.34

进口方在进口报关时，报关员要在报关单申请表上填写申报的货物名称和所归税号，海关审核后，根据税号对应的税率计算应征收的进口关税和应代征的增值税和消费税。

6.1.2　其他税种的核算与进出口纳税申报事项

在企业的对外贸易中，除了关税、增值税和消费税需要申报纳税，还需缴纳印花税、城市维护建设税、教育费附加和企业所得税等税费。

1. 印花税的申报纳税

印花税是对在经济活动和经济交往中书立、领受具有法律效力的凭证的行为征收的一种税。外贸企业的印花税主要是购销合同印花税，通常按照合同金额的万分之三计算。实际业务中，印花税的账务处理可以先计提，也可以不计提。

①先计提印花税税额，然后实际缴税。

借：税金及附加

　　贷：应交税费——应交印花税

借：应交税费——应交印花税

　　贷：银行存款——人民币户

②不计提，实际缴税时做账。

借：税金及附加

贷：银行存款——人民币户

印花税按季、按年或者按次计征。实行按季、按年计征的，纳税人应当自季度、年度终了之日起 15 日内申报缴纳税款；实行按次计征的，纳税人应当自纳税义务发生之日起 15 日内申报缴纳税款。证券交易印花税按周解缴，扣缴义务人应当自每周终了之日起 5 日内申报解缴税款以及银行结算的利息。

目前，我国为了简化纳税申报工作，对于包含印花税在内的一些税种实行合并申报纳税，即财产和行为税合并纳税申报。其他税种还有城镇土地使用税、房产税、契税、车船税、耕地占用税、资源税、土地增值税、环境保护税和烟叶税。纳税人在首次申报时，应办理"财产和行为税税源信息报告"；税务机关根据纳税人识别号和该纳税人当期有效的税源明细信息自动生成"财产和行为税纳税申报表"和"财产和行为税减免税明细申报附表"。

2. 城市维护建设税的申报纳税

城市维护建设税简称城建税，是以纳税人实际缴纳的增值税、消费税税额之和为计税依据，依法计征的一种税。计算公式如下：

城市维护建设税应纳税额＝纳税人实际缴纳的增值税和消费税之和×适用税率

根据纳税人所在地的不同，我国城市维护建设税的税率设置了如下所示的三档差别比例税率：

①纳税人所在地在市区的，税率为 7%。
②纳税人所在地在县城、镇的，税率为 5%。
③纳税人所在地不在市区、县城或者镇的，税率为 1%。

在核算应缴纳的城市维护建设税时，重点是"实际缴纳"，也就是说，纳税人违反增值税和消费税有关税法而加收的滞纳金和罚款，不作为城市维护建设税的计税依据。但是，纳税人在被查补缴增值税和消费税以及被处以罚款时，应同时补缴偷漏的城市维护建设税。

按规定计算应缴纳的城市维护建设税时，编制如下会计分录：

借：税金及附加

　　贷：应交税费——应交城市维护建设税

实际缴纳城市维护建设税费时，编制如下会计分录：

借：应交税费——应交城市维护建设税

　　贷：银行存款——人民币户

城市维护建设税的纳税义务发生时间与增值税、消费税的纳税义务发生时间一致，与增值税、消费税同时缴纳。城市维护建设税的扣缴义务人为负有增值税、消费税扣缴义务的单位或个人，在扣缴增值税、消费税的同时扣缴城市维护建设税。

3. 教育费附加的申报纳税

教育费附加是由税务机关负责征收，同级教育部门统筹安排，同级财政部门监督管理，专门用于发展地方教育事业的预算外资金，也是以纳税人实际缴纳的增值税、消费税税额之和为计税依据依法计征的一种附加费。如果是教育费附加，适用费率为3%；如果是地方教育附加，适用费率为2%。相关计算公式如下：

> 教育费附加、地方教育附加的应纳税额 = 纳税人实际缴纳的增值税、消费税之和 × 适用税率

按规定计算应缴纳的教育费附加和地方教育附加时。

借：税金及附加

　　贷：应交税费——应交教育费附加

　　　　　　　　——应交地方教育附加

实际缴纳教育费附加和地方教育附加时。

借：应交税费——应交教育费附加

　　　　　　——应交地方教育附加

　　贷：银行存款——人民币户

教育费附加和地方教育附加与城市维护建设税一样，分别与增值税、消费税同时缴纳。

4. 企业所得税的申报纳税

企业所得税是对我国境内的企业和其他取得收入的组织的生产所得和其他所得征收的一种所得税。生产所得和其他所得主要包括销售货物所得、提供劳务所得、利息所得、租金所得、接受捐赠所得和其他所得。

无论当期企业是否获利，都应按照税法规定申报缴纳企业所得税。

企业所得税按纳税年度计算，纳税年度自公历1月1日起至12月31日止。企业在一个纳税年度中间开业，或者终止经营活动，使该纳税年度的实际经营期不足12个月的，应以其实际经营期为一个纳税年度。企业依法清算时，应以清算期间作为一个纳税年度。

企业所得税分月或分季预缴，企业应自月份或季度终了之日起15日内，向税务机关报送预缴企业所得税纳税申报表，预缴税款。企业应自年度终了之日起5个月内，向税务机关报送年度企业所得税纳税申报表，并汇算清缴，结清应缴应退税款。企业在报送企业所得税纳税申报表时，应按照规定附送财务会计报告和其他有关资料。

企业在年度中间终止经营活动的，应自实际经营终止之日起60日内，向税务机关办理当期企业所得税汇算清缴。企业应在办理注销登记前，就清算所得向税务机关申报并依法缴纳企业所得税。

①企业计算当期应缴的企业所得税时。

借：所得税费用

　　贷：应交税费——应交所得税

②实际缴纳企业所得税时。

借：应交税费——应交所得税

　　贷：银行存款——人民币户

5. 其他税种的申报纳税

除了前述介绍的增值税、消费税、关税、印花税、城市维护建设税、教育费附加和企业所得税外，外贸企业还可能涉及其他税种的税费核算与缴纳，包括代扣代缴的个人所得税等。

①车辆购置税、耕地占用税和契税等，在发生时直接计入相关资产的入账成本，不再单独借助"应交税费"科目核算。

借：固定资产（或无形资产）

　　贷：银行存款——人民币户

②其他税种在发生时确认税金及附加，同时核算应交税费；实际缴纳税款时冲减应交税费。

借：税金及附加

　　贷：应交税费——应交城镇土地使用税

　　　　　　　　——应交房产税

　　　　　　　　——应交车船税

　　　　　　　　——应交资源税

　　　　　　　　——应交烟叶税

　　　　　　　　——应交土地增值税

借：应交税费——应交城镇土地使用税

　　　　　　——应交房产税

　　　　　　——应交车船税

　　　　　　——应交资源税

　　　　　　——应交烟叶税

　　　　　　——应交土地增值税

　　贷：银行存款——人民币户

③如果是为员工代扣代缴个人所得税，则代扣个人所得税。

借：应付职工薪酬

　　贷：应交税费——代扣代缴个人所得税

代缴个人所得税时。

借：应交税费——代扣代缴个人所得税

　　贷：银行存款——人民币户

下面通过一个实例来看看这些税费的核算与账务处理。

实例讲解 进口货物其他应缴税费的核算与账务处理

某外贸公司 3 月的进口合同总金额为 10.00 万美元，签订当日的汇率为 USD1=CNY7.097 8，出口合同总金额为 60.00 万美元，签订日的汇率为 USD1=CNY7.096 9。境内购销合同总金额为 100.00 万元。关于印花税的核算与处理如下。

进口合同印花税 =100 000.00×7.097 8×0.3‰ =212.93（元）

出口合同印花税 =600 000.00×7.096 9×0.3‰ =1 277.44（元）

境内购销合同印花税 =1 000 000.00×0.3‰ =300.00（元）

印花税合计 =212.93+1 277.44+300.00=1 790.37（元）

月末，计算应缴纳的印花税。

借：税金及附加　　　　　　　　　　　　　1 790.37
　　贷：应交税费——应交印花税　　　　　1 790.37

下月指定时间实际缴纳印花税时。

借：应交税费——应交印花税　　　　　　　1 790.37
　　贷：银行存款——人民币户　　　　　　1 790.37

已知该公司 3 月份实际缴纳的增值税为 51.00 万元，不涉及消费税。城市维护建设税税率为 7%，教育费附加费率为 3%，地方教育附加费率为 2%。

月末计算应缴纳的城市维护建设税 =510 000.00×7%=35 700.00（元）

月末计算应缴纳的教育费附加等 =510 000.00×（3%+2%）=25 500.00（元）

借：税金及附加　　　　　　　　　　　　　61 200.00
　　贷：应交税费——应交城市维护建设税　35 700.00
　　　　　　　　——应交教育费附加　　　15 300.00
　　　　　　　　——应交地方教育附加　　10 200.00

实际缴纳这些附加税费时。

借：应交税费——应交城市维护建设税　　　35 700.00
　　　　　　——应交教育费附加　　　　　15 300.00
　　　　　　——应交地方教育附加　　　　10 200.00

贷：银行存款——人民币户　　　　　　　　　　　61 200.00

　　假设该外贸公司当月实现利润总额100.00万元，按照税法有关规定按月预缴企业所得税。没有其他纳税调整事项，适用所得税税率为25%。

　　3月底核算预缴企业所得税=1 000 000.00×25%=250 000.00（元）

　　借：所得税费用　　　　　　　　　　　　　　　250 000.00
　　　　贷：应交税费——应交所得税　　　　　　　　250 000.00

　　实际缴纳企业所得税时。

　　借：应交税费——应交所得税　　　　　　　　　250 000.00
　　　　贷：银行存款——人民币户　　　　　　　　　250 000.00

　　当月应代扣代缴的个人所得税有62 880.00元，按规定计算应代扣的员工个人所得税。

　　借：应付职工薪酬　　　　　　　　　　　　　　62 880.00
　　　　贷：应交税费——代扣代缴个人所得税　　　　62 880.00

　　实际代缴员工个人所得税时。

　　借：应交税费——代扣代缴个人所得税　　　　　62 880.00
　　　　贷：银行存款——人民币户　　　　　　　　　62 880.00

6.2　外贸业务的其他税收政策

　　对于外贸公司来说，除了一般的进出口贸易会涉及税务处理，跨境应税行为以及跨境电子商务交易等也会涉及税费的缴纳与核算，这些外贸交易越来越频繁，外贸会计有必要了解和学习相关税法和政策，赶上时代的步伐，服务好公司的业务，同时提升自我价值。

6.2.1　跨境应税行为适用增值税免税政策

　　根据我国相关税收政策的规定，表6-1中的这些跨境应税行为免征增值税。

表 6-1 免征增值税的跨境应税行为

条目	跨境应税行为	说明
1	工程项目在境外的建筑服务	工程总承包方和工程分包方为施工地点在境外的工程项目提供的建筑服务，均属于工程项目在境外的建筑服务
2	工程项目在境外的工程监理服务	—
3	工程、矿产资源在境外的工程勘查勘探服务	—
4	会议展览地点在境外的会议展览服务	为客户参加在境外举办的会议、展览而提供的组织安排服务，属于会议展览地点在境外的会议展览服务
5	存储地点在境外的仓储服务	—
6	标的物在境外使用的有形动产租赁服务	—
7	在境外提供的广播影视节目（作品）的播映服务	在境外提供的广播影视节目（作品）播映服务，是指在境外的影院、剧院、录像厅及其他场所播映广播影视节目（作品）；通过境内的电台、电视台、卫星通信、互联网、有线电视等无线或者有线装置向境外播映广播影视节目（作品），不属于在境外提供的广播影视节目（作品）播映服务
8	在境外提供的文化体育服务、教育医疗服务、旅游服务	在境外提供的文化体育服务和教育医疗服务，是指纳税人在境外现场提供的文化体育服务和教育医疗服务；为参加在境外举办的科技活动、文化活动、文化演出、文化比赛、体育比赛、体育表演、体育活动而提供的组织安排服务，属于在境外提供的文化体育服务；通过境内的电台、电视台、卫星通信、互联网、有线电视等媒体向境外单位或个人提供的文化体育服务或教育医疗服务，不属于在境外提供的文化体育服务、教育医疗服务

续上表

条目	跨境应税行为	说明
9	为出口货物提供的邮政服务、收派服务、保险服务	为出口货物提供的邮政服务包括寄递函件、包裹，邮件出境，向境外发行邮票，出口邮册等。为出口货物提供的收派服务，是指为出境的函件、包裹提供的收件、分拣、派送服务；纳税人为出口货物提供收派服务，免税销售额为其向寄件人收取的全部价款和价外费用。为出口货物提供的保险服务，包括出口货物保险和出口信用保险
10	向境外单位销售的完全在境外消费的电信服务	纳税人向境外单位或者个人提供的电信服务，通过境外电信单位结算费用的，服务接受方为境外电信单位，属于完全在境外消费的电信服务
11	向境外单位销售的完全在境外消费的知识产权服务	服务实际接受方为境内单位或者个人的知识产权服务，不属于完全在境外消费的知识产权服务
12	向境外单位销售的完全在境外消费的鉴证咨询服务	服务的实际接受方为境内单位或者个人，对境内的货物或不动产进行的认证服务、鉴证服务和咨询服务等，这些不属于完全在境外消费的鉴证咨询服务
13	向境外单位销售的完全在境外消费的专业技术服务	服务的实际接受方为境内单位或者个人，对境内的天气情况、地震情况、海洋情况、环境和生态情况进行的气象服务、地震服务、海洋服务、环境和生态监测服务；为境内的地形地貌、地质构造、水文、矿藏等进行的测绘服务；为境内的城、乡、镇提供的城市规划服务，这些不属于完全在境外消费的专业技术服务
14	向境外单位销售的完全在境外消费的商务辅助服务	包括纳税人向境外单位提供的代理报关服务、货物运输代理服务、外派海员服务，以及纳税人以对外劳务合作方式向境外单位提供的完全在境外发生的人力资源服务
15	向境外单位销售的广告投放地在境外的广告服务	广告投放地在境外的广告服务，是指为在境外发布的广告提供的广告服务

续上表

条目	跨境应税行为	说明
16	向境外单位销售的完全在境外消费的无形资产（技术除外）	无形资产未完全在境外使用；所转让的自然资源使用权与境内自然资源相关；所转让的基础设施资产经营权、公共事业特许权与境内货物或不动产相关；向境外单位转让在境内销售货物、应税劳务、服务、无形资产或不动产的配额、经营权、经销权、分销权、代理权，这些不属于向境外单位销售的完全在境外消费的无形资产
17	为境外单位之间的货币资金融通及其他金融业务提供的直接收费金融服务，且该服务与境内的货物、无形资产和不动产无关	为境外单位之间、境外单位和个人之间的外币、人民币资金往来提供的资金清算、资金结算、金融支付、账户管理服务，属于为境外单位之间的货币资金融通及其他金融业务提供的直接收费金融服务
18	属于相关情形的国际运输服务	包括通过无运输工具承运方式提供的国际运输服务；以水路运输方式提供国际运输服务但未取得"国际船舶运输经营许可证"的；以公路运输方式提供国际运输服务但未取得"道路运输经营许可证"或者"国际汽车运输行车许可证"，或者"道路运输经营许可证"的经营范围未包括"国际运输"的；以航空运输方式提供国际运输服务但未取得"公共航空运输企业经营许可证"，或者其经营范围未包括"国际航空客货邮运业务"的；以航空运输方式提供国际运输服务但未持有"通用航空经营许可证"，或者其经营范围未包括"公务飞行"的

6.2.2 跨境应税行为适用增值税零税率政策

根据我国相关税收政策的规定，表 6-2 中的这些跨境应税行为适用增值税零税率政策。注意，增值税免税与适用增值税零税率的概念是不一样的，外贸会计需要做好区分。

表 6-2　适用增值税零税率的跨境应税行为

跨境应税行为	说明
国际运输服务	①在境内载运旅客或者货物出境。 ②在境外载运旅客或者货物入境。 ③在境外载运旅客或者货物
航天运输服务	—
向境外单位提供的完全在境外消费的下列服务	①研发服务。 ②合同能源管理服务。 ③设计服务。 ④广播影视节目（作品）的制作和发行服务。 ⑤软件服务。 ⑥电路设计及测试服务。 ⑦信息系统服务。 ⑧业务流程管理服务。 ⑨离岸服务外包业务，包括信息技术外包服务（ITO）、技术性业务流程外包服务（BPO）、技术性知识流程外包服务（KPO），其所涉及的具体业务活动，按照《销售服务、无形资产、不动产注释》相对应的业务活动执行。 ⑩转让技术
财政部和国家税务总局规定的其他服务	—

6.2.3　跨境电子商务零售出口的相关税收政策

跨境电子商务零售出口的相关税收政策分为出口退（免）税、免税政策和出口免征增值税、消费税。

1. 适用出口退（免）税、免税政策

适用出口退（免）税、免税政策的电子商务出口企业，是指自建跨境电子商务销售平台的电子商务出口企业以及利用第三方跨境电子商务平台开展电子商务出口的企业。

电子商务出口企业出口货物，财政部、国家税务总局明确不予出口退（免）税或免税的货物除外，同时符合下列条件的，适用增值税、消费税退（免）税政策。

①电子商务出口企业属于增值税一般纳税人并已向主管税务机关办理出口退（免）税备案。

②出口货物取得海关出口货物报关单电子信息。

③出口货物在退（免）税申报期截止之日内收汇。

④电子商务出口企业属于外贸企业的，购进出口货物取得相应的增值税专用发票、消费税专用缴款书（分割单）或海关进口增值税、消费税专用缴款书，且上述凭证有关内容与出口货物报关单有关内容相匹配。

适用增值税、消费税退（免）税政策的出口企业，不仅要在出口报关时进行必要的纳税申报，还要通过填写退（免）税申请表，等待税务机关审核，通过后才能将已经缴纳的税款退还给纳税人。换句话说，这类出口企业在需要缴纳税款时就要按照规定缴纳税款。

2. 免征增值税、消费税

电子商务出口企业出口货物，不符合增值税、消费税退（免）税政策规定条件，但同时符合下列条件的，适用增值税、消费税免税政策。

①电子商务出口企业已办理税务登记。

②出口货物取得海关签发的出口货物报关单。

③购进出口货物取得合法有效的进货凭证。

电子商务出口货物适用退（免）税、免税政策的，由电子商务出口企业按照现行规定办理退（免）税、免税申报。

6.2.4　市场采购贸易方式出口货物免征增值税政策

为规范市场采购贸易方式出口货物的免税管理，根据《中华人民共和国税收征收管理法》《中华人民共和国增值税暂行条例》及其实施细则、《国务院办公厅关于促进进出口稳定增长的若干意见》（国办发〔2015〕55号），以及《财政部 国家税务总局关于出口货物劳务增值税和消费税政策的通知》（财税〔2012〕39号）和《国家税务总局关于发布〈出口货物劳务增值税和消费税管理办法〉的公告》（国家税务总局公告2012年第24号）等规定，国家税务总局特制定了市场采购贸易方式出口货物免税管理办法。

市场采购贸易方式出口货物，是指经国家批准的专业市场集聚区内的市场经营户（以下简称市场经营户）自营或委托从事市场采购贸易经营的单位（以下简称市场采购贸易经营者），按照海关总署规定的市场采购贸易监管办法办理通关手续，并纳入涵盖市场采购贸易各方经营主体和贸易全流程的市场采购贸易综合管理系统管理的货物（国家规定不适用市场采购贸易方式出口的商品除外）。

市场经营户自营或委托市场采购贸易经营者以市场采购贸易方式出口的货物免征增值税。

市场经营户或市场采购贸易经营者应按以下要求时限，在市场采购贸易综合管理系统中准确、及时录入商品名称、规格型号、计量单位、数量、单价和金额等相关内容形成交易清单。

①自营出口，市场经营户应当于同外商签订采购合同时自行录入。

②委托出口，市场经营户将货物交付市场采购贸易经营者时自行录入，或由市场采购贸易经营者录入。

市场经营户应在货物报关出口次月的增值税纳税申报期内按规定向主管国税机关办理市场采购贸易出口货物免税申报；委托出口的，市场采购贸易经营者可以代为办理免税申报手续。

6.2.5　跨境电子商务综试区零售出口的相关税收政策

跨境电子商务综合试验区零售出口的相关税收政策主要分两大类：一是无票免税政策，二是企业所得税核定征收政策。

1. 无票免税政策

根据我国相关税收政策的规定，针对跨境电子商务综合试验区（以下简称"综试区"）内的跨境电子商务零售出口企业（以下简称"跨境电商企业"）其未取得有效进货凭证的货物，只要符合规定条件，出口时可免征增值税和消费税（以下简称"无票免税"政策）。

第6章 进出口业务纳税申报与税收政策

下面从核定征收范围、条件、方式和程序等方面作简单介绍：

（1）核定征收范围

跨境电商企业是指符合财税〔2018〕103号文件规定的企业，即自建跨境电子商务销售平台或利用第三方跨境电子商务平台开展电子商务出口的企业。

（2）核定征收条件

针对跨境电商企业出口货物无法取得进货发票的实际情况，跨境电商企业符合规定条件，可以试行"无票免税"政策。对于这些企业，符合财政部、商务部、海关总署和税务总局联合发布的财税〔2018〕103号文件规定的，企业所得税可以试行采取核定方式征收。

（3）核定征收方式

由于跨境电商企业可以准确核算收入，因此，为简化纳税人和税务机关操作，综试区内核定征收的跨境电商企业统一采用核定应税所得率方式核定征收企业所得税。

同时，考虑到跨境电商企业出口货物的采购、销售，主要是通过电子商务平台进行的，不同地区之间差异较小，为进一步减轻企业负担，促进出口业务发展，综试区核定征收的跨境电商企业的应税所得率按照"国家税务总局关于印发〈企业所得税核定征收办法〉（试行）的通知"（国税发〔2008〕30号，国家税务总局公告2018年第31号修改）中批发和零售贸易业最低应税所得率确定，即统一按照4%执行。

（4）核定征收程序

综试区内跨境电商企业和税务机关均应按照有关规定办理核定征收相关业务。税务机关应及时完成综试区跨境电商企业核定征收鉴定工作，跨境电商企业应按时申报纳税。

2. 企业所得税核定征收政策

综合试验区内核定征收的跨境电商企业，主要可以享受以下两类优惠政策：

①符合《财政部税务总局关于实施小微企业普惠性税收减免政策的通知》（财税〔2019〕13号）规定的小型微利企业优惠政策条件的，可享受小型微利企业所得税优惠政策。上述规定如有变化，从其规定。

②取得的收入属于《中华人民共和国企业所得税法》第二十六条规定的免税收入的，可享受相关免税收入优惠政策。

一般的对外贸易税收政策这里不再详述，感兴趣或者有需要的可以直接进入国家税务总局官网查询学习。

第7章

外贸业务出口退税实操概览

　　对于外贸公司来说，做好出口退税工作并不是一件容易的事情，出口退税是我国对出口企业的一种税收优惠手段，对企业来说是减轻了出口企业的税收负担，对国家来说是减少了税收，是一种损失。因此出口退税的相关手续是比较复杂的，只有符合条件以及及时办理了出口退税申报手续的企业才能享受出口退税优惠政策。

7.1 出口退（免）税的规定及核算方法

出口退（免）税作为一项具体的税收制度，其目的与其他税收制度不同，它是在货物出口后，国家将出口货物已在国内征收的流转税退还给企业的一种收入退付或减免税收的行为。这样的制度可以使企业的出口产品能以不含间接税的价格参与国际市场的竞争，对出口企业来说是非常有益的，因此会计人员需要熟知相关规定以及核算方法。

7.1.1 熟悉出口退税申报的整个流程

外贸企业的会计人员熟悉出口退税申报的流程，可以加快办事速度，提高办事效率。图 7-1 为出口退税申报的大致流程。

```
外贸企业判断自身是否可以享受出口退（免）税政策
            │
            ▼
如果可以享受出口退（免）税政策，在申报出口退（免）税前向主管税务机关申请办理出口退（免）税企业备案以及后续的备案变更、备案撤回事项，主要分为出口退（免）税备案和生产企业委托代办退税备案
            │
            ▼
在规定的时间内向税务机关送验相关单证，并领取出口退（免）税申请表，如实填写申请表的内容
            │
            ▼
纳税人应在申报出口退（免）税后 15 日内，将相关备案单证妥善留存，并按照申报退（免）税的时间顺序，制作出口退（免）税备案单证目录，注明单证存放方式，以备税务机关核查。注意，纳税人发生零税率跨境应税行为不实行备案单证管理
            │
            ▼
纳税人申报退（免）税的出口货物，应在出口退（免）税申报期截止之日前收汇。未在规定期限内收汇，但符合"视同收汇原因及举证材料清单"（附件1）所列原因的，纳税人留存"出口货物收汇情况表"（附件2）及举证材料，即可视同收汇。纳税人确实无法收汇且不符合视同收汇规定的出口货物，适用增值税免税政策
            │
            ▼
企业相关办税人员或者代理办税人员需在规定时间内向其主管税务机关申请开具出口退（免）税相关证明，比如代理出口货物证明、代理进口货物证明、出口货物退运已补税（未退税）证明、出口货物转内销证明、委托出口货物证明、中标证明通知书等
```

图 7-1 出口退税申报流程

2022年9月，国家税务总局为了进一步便利出口退税办理，促进外贸交易平稳发展，对包括简化出口退（免）税办理流程在内的有关事项作出规定并发布了公告。而其中关于简化出口退（免）税办理流程的内容如下：

1. 简化外贸综合服务企业代办退税备案流程

外贸综合服务企业在生产企业办理委托代办退税备案后，留存以下资料，即可为该生产企业申报代办退税，无须报送"代办退税情况备案表"和企业代办退税风险管控制度：

①与生产企业签订的外贸综合服务合同（协议）。

②每户委托代办退税生产企业的"代办退税情况备案表"。

③外贸综合服务企业代办退税风险管控制度、内部风险管控信息系统建设及应用情况。

生产企业办理委托代办退税备案变更后，外贸综合服务企业将变更后的"代办退税情况备案表"留存备查即可，无须重新报送该表。

2. 推行出口退（免）税实地核查"容缺办理"

对于纳税人按照现行规定需实地核查通过方可办理的首次申报的出口退（免）税以及变更退（免）税办法后首次申报的出口退（免）税，税务机关经审核未发现涉嫌骗税等疑点或者已排除涉嫌骗税等疑点的，应按照"容缺办理"的原则办理退（免）税：在该纳税人累计申报的应退（免）税额未超过限额前，可先行按规定审核办理退（免）税再进行实地核查；在该纳税人累计申报的应退（免）税额超过限额后，超过限额的部分需待实地核查通过后再行办理退（免）税。

上述需经实地核查通过方可审核办理的首次申报的出口退（免）税包括：外贸企业首次申报出口退税（含外贸综合服务企业首次申报自营出口业务退税），生产企业首次申报出口退（免）税（含生产企业首次委托外贸综合服务企业申报代办退税），外贸综合服务企业首次申报代办退税。

上述按照"容缺办理"的原则办理退（免）税，包括纳税人出口货物、视同出口货物、对外提供加工修理修配劳务、发生零税率跨境应税行为涉及的出口退（免）税。

上述累计申报应退（免）税额的限额标准为：外贸企业（含外贸综合服务企业自营出口业务）100万元；生产企业（含生产企业委托代办退税业务）200万元；代办退税的外贸综合服务企业100万元。

税务机关经实地核查发现纳税人已办理退（免）税的业务属于按规定不予办理退（免）税情形的，应追回已退（免）税款。因纳税人拒不配合而无法开展实地核查的，税务机关应按照实地核查不通过处理相关业务，并追回已退（免）税款，对于该纳税人申报的退（免）税业务，不适用"容缺办理"原则。

纳税人申请变更退（免）税方法、变更出口退（免）税主管税务机关、撤回出口退（免）税备案时，存在已"容缺办理"但尚未实地核查的退（免）税业务的，税务机关应当先行开展实地核查。经实地核查通过的，按规定办理相关变更、撤回事项；经实地核查发现属于按规定不予办理退（免）税情形的，应追回已退（免）税款后，再行办理相关变更、撤回事项。

3. 简便出口退（免）税办理方式

简便出口退（免）税办理方式主要有两类，一是推广出口退（免）税证明电子化开具和使用，二是推广出口退（免）税事项"非接触"办理。

①推广出口退（免）税证明电子化开具和使用

纳税人申请开具"代理出口货物证明""代理进口货物证明""委托出口货物证明""出口货物转内销证明""中标证明通知书""来料加工免税证明"的，税务机关为其开具电子证明，并通过电子税务局、国际贸易"单一窗口"等网上渠道（以下简称网上渠道）向纳税人反馈。

纳税人申报办理出口退（免）税相关涉税事项时，仅需填报上述电子证明编号等信息，无须另行报送证明的纸质件和电子件。其中，纳税人申请开具"中标证明通知书"时，无须再报送中标企业所在地主管税务机关的名称、地址、邮政编码。

纳税人需要作废上述出口退（免）税电子证明的，应先行确认证明使用情况，已用于申报出口退（免）税相关事项的，不得作废证明；未用于申报出口退（免）税相关事项的，应向税务机关提出作废证明申请，税务机关核对无误后，予以作废。

②推广出口退（免）税事项"非接触"办理

纳税人申请办理出口退（免）税备案、证明开具及退（免）税申报等事项时，按照现行规定需要现场报送的纸质表单资料，可选择通过网上渠道，以影像化或者数字化方式提交。

纳税人通过网上渠道提交相关电子数据、影像化或者数字化表单资料后，即可完成相关出口退（免）税事项的申请。原需报送的纸质表单资料，以及通过网上渠道提交的影像化或者数字化表单资料，纳税人应妥善留存备查。

税务机关受理上述申请后，按照现行规定为纳税人办理相关事项，并通过网上渠道反馈办理结果。纳税人确需税务机关出具纸质文书的，税务机关应当为纳税人出具。

4. 完善出口退（免）税收汇管理

纳税人适用出口退（免）税政策的出口货物，有关收汇事项应按照以下规定执行：

①纳税人申报退（免）税的出口货物，应在出口退（免）税申报期截止之日前收汇。未在规定期限内收汇，但符合"视同收汇原因及举证材料清单"（附件1）所列原因的，纳税人留存"出口货物收汇情况表"（附件2）及举证材料，即可视同收汇；因出口合同约定全部收汇最终日期在退（免）税申报期截止之日后的，应当在合同约定收汇日期前完成收汇。

②出口退（免）税管理类别为四类的纳税人，在申报出口退（免）税时，应当向税务机关报送收汇材料。纳税人在退（免）税申报期截止之日后申报出口货物退（免）税的，应当在申报退（免）税时报送收汇材料。纳税人被税务机关发现收汇材料为虚假或冒用的，应自税务机关出具书面通知之日起24个月内，在申报出口退（免）税时报送收汇材料。除这些情形外，

纳税人申报出口退（免）税时，无须报送收汇材料，留存举证材料备查即可。税务机关按规定需要查验收汇情况的，纳税人应当按照税务机关要求报送收汇材料。

③纳税人申报退（免）税的出口货物，具有：因出口合同约定全部收汇最终日期在退（免）税申报期截止之日后的，未在合同约定收汇日期前完成收汇；未在规定期限内收汇，且不符合视同收汇规定；未按本条规定留存收汇材料等这些情形之一的，税务机关未办理出口退（免）税的，不得办理出口退（免）税；已办理出口退（免）税的，应在发生相关情形的次月用负数申报冲减原退（免）税申报数据，当期退（免）税额不足冲减的，应补缴差额部分的税款。

7.1.2　了解出口退税税率查询方法和应具备的退税条件

出口货物增值税退税率采用与增值税征税率不同的税率体系，而出口应税消费品退税率采用与消费税征税率相同的税率体系，即同一应税消费品的消费税征税率与退税率相同。

由此可见，不同的出口货物，其增值税退税率是不同的。需要了解具体出口退税率的，可以进入国家税务总局官网查看。

进入国家税务总局官网首页，在页面上方选择"纳税服务"选项，如图7-2所示。

图7-2　进入国家税务总局官网首页

在打开的页面中的"我要查"栏目中单击"出口退税率查询"选项卡，如图7-3所示。

我要查

- 政策法规库
- 发票查验
- 纳税信用A级纳税人名单
- 涉税专业服务机构查询
- **出口退税率查询** ← 单击
- 企业所得税申报事项目录

图 7-3　单击"出口退税率查询"选项卡

在打开的页面中输入需要查询出口退税率的商品代码或者商品名称，如"护肤品"，单击"提交"按钮，如图 7-4 所示。

出口退税率查询

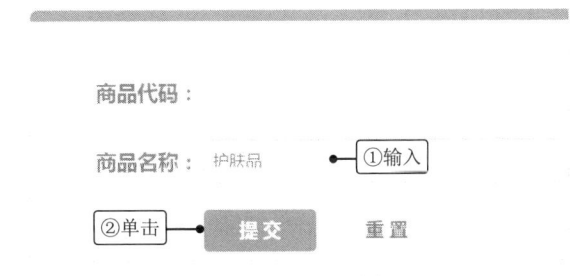

商品代码：

商品名称：护肤品　←①输入

②单击→ 提交　　重置

图 7-4　输入商品代码或商品名称查询出口退税率

在页面下方就可以看到查询结果，如图 7-5 所示。

查询结果

商品编码	商品名称	计量单位	征税税率%	增值税退税率%
3304990021	包装标注含量以重量计含濒危物种成分的美容品或化妆品及护肤品(包括防晒油或晒黑油,但药品除外)	千克/件	13	0.0
3304990029	包装标注含量以重量计的其他美容品或化妆品及护肤品(包括防晒油或晒黑油,但药品除外)	千克/件	13	13.0

图 7-5　查看出口退税率结果

那么，外贸企业应具备怎样的条件才能申请办理出口退税呢？

①出口货物必须属于增值税、消费税的征税范围

根据我国增值税和消费税的相关法律法规可知，退税政策是对已征收增值税和消费税的出口货物退还其已征收的增值税和消费税税额。因此，不征收增值税和消费税的出口货物不能退还上述税额。

②出口货物必须是报关离境货物

报关离境就是出口，它包括自营出口和委托代理出口。货物是否报关离境，是确定货物是否属于退（免）税范围的主要标准之一。凡是在国内销售或者不报关离境的货物，除另有规定外，不论出口企业是以外汇还是人民币结算，均不得视为出口货物予以退（免）税。

③出口货物在财务上必须做销售处理

按照现行制度的规定，出口货物只有在财务上做销售处理后，才能办理出口退税。而出口货物销售收入的实现，主要根据出口商品产生的相关单证为依据，如陆运以取得承运货物收据或铁路联运运单为依据，海运以取得出口货物的装船提单为依据，空运以取得空运单并向银行办理交单为依据。

④必须是出口收汇且已核销的出口货物

出口退税与出口收汇核销对应，这样可以有效防止出口企业高报出口价格骗取退税的情况发生，有助于提高出口收汇率，强化出口收汇核销制度的执行。

出口货物需同时满足上述四个条件，才能向主管税务机关申报办理出口退税，否则税务机关有权不予办理出口退税。

TIPS 区分免税、退税和抵税

免税是指免征国内环节的增值税和消费税等税费，实务中主要是开具零税率的出口发票。退税是指对出口货物在境内环节缴纳的增值税和消费税等实行退还政策，主要适用于外贸企业增值税一般纳税人。抵税是指生产企业出口自产货物所耗用的原材料、燃料、动力等对应的应予以退还的增值税进项税额，抵顶内销货物的增值税应纳税额。

7.1.3 出口退（免）税所需证件资料

外贸企业申请出口退（免）税，需要向税务机关提交相关证件资料，出口经营范围不同，需要准备的证件资料就不同。但无论是哪种情形，均需提供的证件资料有：营业执照、海关收发货人登记证书或报关单位注册登记证书、外汇收支名录（在国家外汇管理局办理）、电子口岸卡、出口退（免）税备案表及电子数据、出口货物退（免）税申报数据等。

而不同出口经营范围下各自需要另行提供的证件资料见表7-1。

表7-1 出口退（免）税所需证件资料

适用情形	材料名称	份数
未办理备案登记发生委托出口业务的生产企业	委托代理出口协议	1份
从事国际水路运输的增值税零税率应税服务提供者	"国际船舶运输经营许可证"复印件	1份
从事国际航空运输的增值税零税率应税服务提供者	经营范围包括"国际航空客货邮运业务"的"公共航空运输企业经营许可证"复印件或经营范围包括"公务飞行"的"通用航空经营许可证"复印件	1份
从事国际公路运输的增值税零税率应税服务提供者	经营范围包括"国际运输"的"道路运输经营许可证"复印件和"国际汽车运输行车许可证"复印件	1份
从事国际铁路运输的增值税零税率应税服务提供者	经营范围包括"许可经营项目：铁路客货运输"的"企业法人营业执照"或其他具有提供铁路客货运输服务资质的证明材料复印件	1份
对外研发服务、设计服务、技术转让服务	"技术出口合同登记证"复印件	1份
从事航天运输的增值税零税率应税服务提供者	经营范围包括"商业卫星发射服务"的"企业法人营业执照"或国家国防科技工业局颁发的"民用航天发射项目许可证"或其他具有提供商业卫星发射服务资质的证明材料复印件	1份
经营融资租赁业务出口货物	①从事融资租赁业务资质证明。②融资租赁合同复印件	各1份
境外旅客购物离境退（免）税代理机构办理出口退税备案	与省税务局签订的服务协议	1份

续上表

适用情形	材料名称	份数
办理变更出口退（免）税备案	①"出口退（免）税备案表"及电子数据共2份。 ②有关变更项目的批准文件、证明材料复印件共1份。 ③增值税零税率应税服务，应报送增值税零税率应税服务变更项目对应的资料共1份	—
办理撤回出口退（免）税备案	"出口退（免）税备案表"及电子数据	共2份
办理撤回出口退（免）税备案时属于合并、分立、改制重组的	①"企业撤回出口退（免）税备案未结清退（免）税确认书"共1份。 ②合并、分立、改制重组企业决议1份。 ③合并、分立、改制重组企业章程1份。 ④合并、分立、改制重组相关部门批件1份。 ⑤承继撤回备案企业权利和义务的企业在撤回备案企业所在地的开户银行名称及账号1份	—
办理撤回出口退（免）税备案时属于放弃未申报或已申报但尚未办理的出口退（免）税的	放弃未申报或已申报但尚未办理的出口退（免）税声明	1份
生产企业委托代办退税备案	①"代办退税情况备案表"及电子数据共2份。 ②代办退税账户1份	—
集团公司总部首次办理集团公司成员企业备案	①集团公司总部及控股生产企业的营业执照副本复印件1份。 ②集团公司总部及控股生产企业的章程1份	—
集团公司总部办理集团公司成员企业备案变更	与变更事项相关的证明材料	1份
免税品经营企业销售货物退税备案	"免税品经营企业销售货物退税备案表"及电子数据	共2份
边贸代理出口备案	①"以边境小额贸易方式代理外国企业、外国自然人报关出口货物备案表"及电子数据共2份。 ②代理出口协议复印件1份。 ③委托方经办人护照或外国边民的边民证原件及复印件1份。 ④代理出口协议以外文拟定的，提供代理出口协议中文翻译版本1份	—

续上表

适用情形	材料名称	份数
出口货物劳务免抵退税申报	①"免抵退税申报汇总表"2份。 ②"生产企业出口货物劳务免抵退税申报明细表"1份	—
报送的"生产企业出口货物劳务免抵退税申报明细表"中的离岸价与相应出口货物报关单上的离岸价不一致的	"出口货物离岸价差异原因说明表"及电子数据	1份
从事进料加工出口业务的企业,在申报免抵退税前	①"进料加工企业计划分配率备案表"及电子数据1份。 ②以双委托方式从事进料加工业务的企业,委托方还应报送代理进、出口协议及进料加工贸易手册载明的计划进口总值和计划出口总值1份	—
经营商品需要进行检验检疫的	经检验检疫机构检查通过并出具的检验检疫证明文件	1份
需要提供原产地证明的	原产地证书复印件	1份

关于出口退（免）税申报所需证件和资料还远不止表中展示的这些，需要办理出口退（免）税的企业办税人员可以进入国家税务总局官网"纳税服务→办税指南"目录下查找了解。

7.1.4　了解办理出口退（免）税所需主要凭证的样式

外贸企业办理出口退（免）税不仅需要向税务机关提供一些证件资料，还需要按规定提交一些交易凭证，包括但不限于以下：

①出口发票（见本书第2章图2-11）。

②出口货物报关单，如图7-6所示。

③出口货物装箱单，如图7-7所示。

④代理出口货物证明，如图7-8所示。

⑤税收缴款书，如图7-9所示。

⑥出口货物销售明细账，如图7-10所示。

⑦税务机关要求提供的其他资料。

中华人民共和国海关出口货物报关单

出口口岸		备案号				出口日期		申报日期	
经营单位		运输方式				运输工具名称		提运单号	
收货单位		贸易方式				征免性质		结汇方式	
许可证号		运抵国（地区）				指运港		境内货源地	
批准文号		成交方式		运费		保费		杂费	
合同协议号		件数		包装种类		毛重（千克）		净重（千克）	
集装箱号		随附单据				生产厂家			
标记唛码和备注									
项号	商品编号	商品名称	规格型号	数量和单位	最终目的国（地区）	单价	总价	币制	征免
税费征收情况									
录入员		录入单位		兹声明以上申报无讹并承担法律责任	海关审单批注及放行日期（盖章）				
					审单		审价		
报关员 单位地址		申报单位（签章）			征税		统计		
邮编		电话 填制日期			查验		放行		

图 7-6　出口货物报关单

装箱单
PACKING LIST

客户： To Messrs：
船名： Shipped by：
由 From　　　至 To
日期 Date：
合同号 Contract No.：

箱号 Ctn.No.	货物名称及规格 Description	总箱数 Ge.Crate	总数量 Ge.Quantity	总毛重 G.W.	总净重 N.W.
合计 Total					

图 7-7　出口货物装箱单

第 7 章 外贸业务出口退税实操概览

代理出口货物证明

编号：

受托企业名称（公章）				委托企业名称					
受托企业代码				委托企业纳税人识别号					
报关单号	出口日期	核销单号	贸易方式	出口商品代码	出口商品名称	计量单位	数量	币别	离岸价格	委托（代理）出口合同号
合计										
				主管出口退税税务机关审核意见						
经办人：　　　　年　月　日			复核人：　　　　年　月　日			负责人：　　　　年　月　日				

图 7-8　代理出口货物证明

税收缴款书（银行经收专用）

（×××）××银××××××××

登记注册类型：				填发日期：　年　月　日			税务机关：			
缴款单位（人）		识别号		开户银行						
		名称		账号						
收款国库				税款限缴日期						
预算科目			品目名称	课税数量	计税金额或销售收入	税率或单位税额	税款所属时期	已缴或扣除额	实缴金额	
编码	名称	级次								
金额合计　（大写）										
税务机关（盖章）			缴款单位（人）（盖章）		上列款项已收妥并划转收款单位账户			备注		
填票人			经办人		国库（银行）盖章　　　年　月　日					

图 7-9　税收缴款书

自营出口销售明细账

商品代码：
出口商品名称：　　　　规格：　　　　计量单位：

年		凭证字号	发票编号	出口合同编号	摘要	出口数量	销售成本（借方）																														币别	销售收入（贷方）																				借或贷	金额									
							合计										进价										费用											折美元金额										人民币金额																				
月	日						千	百	十	万	千	百	十	元	角	分	千	百	十	万	千	百	十	元	角	分	千	百	十	万	千	百	十	元	角	分		千	百	十	万	千	百	十	元	角	分	千	百	十	万	千	百	十	元	角	分		千	百	十	万	千	百	十	元	角	分

图 7-10　出口货物销售明细账

7.1.5 出口企业货物退（免）税额如何计算

对于出口货物来说，退（免）税的计算方法会因为纳税人和出口贸易方式等的不同而不同，退税额的计算公式也会不同。

1. 退（免）税

对出口货物流通经过的国内最后环节产生的增值额免征增值税；对外贸企业所购出口货物中所含的进项税额予以退税。

这种退（免）税计算方法主要适用于主营进出口业务的外贸公司收购出口增值税的应税货物。

这类货物的出口应退税额的计算公式如下：

应退税额＝出口货物的购进金额×退税率

2. 免、抵、退税

对出口货物流通经过的境内最后环节免征增值税；对出口货物中所含的进项税额准予抵减境内销售产生的增值税应纳税额；对不足以抵减的部分予以退税。

这种退（免）税计算方法主要适用于境内生产企业自营或委托出口的自产货物。

这类货物的出口应退、抵税额的计算公式如下：

当期增值税应纳税额＝当期内销货物销项税额－（当期进项税额－当期免抵退税不得免征和抵扣税额）－上期期末留抵税额

当期免抵退税不得免征和抵扣税额＝出口货物离岸价 × 外汇人民币牌价 ×（出口货物适用税率－出口退税率）

免抵退税额＝出口货物离岸价 × 外汇人民币牌价 × 出口货物退税率－免抵退税额抵减额

企业出口货物当期最终应退税额取决于当期免抵退税额与当期期末留抵税额孰低，取较低者。如果当期免抵退税额大于当期期末留抵税额，则取当期期末留抵税额为应退税额，两者的差额为当期办理了出口退税手续后的期末留抵税额；如果当期免抵退税额小于当期期末留抵税额，则取当期免抵退税额为应退税额,两者的差额为当期办理了出口退税手续后的期末留抵税额。

3. 委托生产企业加工收回出口货物的退税

出口企业委托生产企业加工,收回后报关出口的货物,凭购买加工货物的原材料等发票和缴费发票,按规定办理退税。

如果原材料等属于进料加工贸易已减征进口环节增值税的,应按原材料的退税率和加工费的退税率分别计算应退税额。加工费的退税率按照出口产品的退税率确定。

4. 小规模纳税人购进货物并持普通发票出口

出口企业购进并出口的货物如果是可特准退(免)税的出境货物,就可以依照普通发票所列的含增值税的销售额计算确定进项税额的退(免)税税额。相关计算公式如下:

> 应退进项税额=普通发票所列销售额(含增值税)÷(1+征收率)×退税率

下面以生产企业免、抵、退税的核算为例,看看如何计算和做账。

实例讲解 境内生产企业免、抵、退税的核算

境内某服装出口公司为自营出口生产企业,也是增值税一般纳税人。出口货物的征税率为13%,退税率为13%。3月从境内供货商处购进一批原材料,取得增值税专用发票注明价款1 000 000.00元,增值税税额130 000.00元,材料已经验收入库。

已知上期期末留抵税额为15 500.00元,当月内销货物的销售额共90.00万元,销项税额为11.70万元。如果本月出口货物的离岸价为60.00万元,那么出口货物免抵退税额等的计算以及相关账务处理如下:

①采购境内原材料。

借:原材料   1 000 000.00
  应交税费——应交增值税(进项税额) 130 000.00
  贷:银行存款——人民币户   1 130 000.00

②境内销售货物。

借：银行存款——人民币户　　　　　　　　　　1 017 000.00
　　贷：主营业务收入——内销商品　　　　　　　　900 000.00
　　　　应交税费——应交增值税（销项税额）　　　117 000.00

③出口服装，确认销售收入。

借：应收账款——应收外汇账款——××公司　　600 000.00
　　贷：主营业务收入——自营出口销售收入　　　　600 000.00

④核算当期不得抵扣的进项税额（即当期免抵退税不得免征和抵扣税额）。

当期免抵退税不得免征和抵扣税额 =600 000.00×（13%-13%）=0.00（元）

这样一来，就不需要做进项税额转出处理。如果实际业务中存在当期免抵退税不得免征和抵扣税额，则需要按照算出的金额，编制如下会计分录。

借：主营业务成本——一般贸易出口
　　贷：应交税费——应交增值税（进项税额转出）

⑤核算出口货物免抵退税额。

应纳增值税税额 =117 000.00-130 000.00-15 500.00=-28 500.00（元）

出口货物免抵退税额 =600 000.00×13%=78 000.00（元）

借：其他应收款——应收出口退税款——增值税税额　78 000.00
　　贷：应交税费——应交增值税——出口退税　　　　78 000.00

由于当期应纳增值税税额为 -28 500.00 元，说明当期期末有留抵税额，即 2.85 万元，小于当期免抵退税额 7.80 万元，因此，该出口公司当期应退税额为 2.85 万元。

实际收到出口退税款时。

借：银行存款——人民币户　　　　　　　　　　28 500.00
　　贷：其他应收款——应收出口退税款——增值税税额　28 500.00

因为当期应纳增值税税额为 -28 500.00 元，说明免抵税额是 0.00 元；在办理了出口退税手续后，该出口公司期末留抵税额的账面余额为 4.95 万元（7.80-2.85），不需要缴纳城市维护建设税、教育费附加等附加税费。

当然，实际对外贸易中，有些企业会根据税务筹划的需要，针对某些情况做申请退税或不申请退税的选择，只要符合法律、法规的规定，也是可以的。

7.1.6　出口应退增值税的计算

外贸企业出口货物，以出口货物的出厂价为出口退税额的计税依据。

当出口货物报关出口做销售处理时，外贸企业需依据购进出口货物取得的增值税专用发票注明的进项税额和适用的退税率计算出口退税额，计算公式如下：

> 应退税额＝出口货物的购进金额×退税率＝出口货物的进项税额－出口货物不予退税的税额
>
> 出口货物不予退税的税额＝出口货物的购进金额×（增值税征税率－适用退税率）

需要注意的是，只有已经出口的货物才能办理出口退税；如果是用于尚未出口的货物，则不能办理出口退税。

下面来看一个具体的实例。

实例讲解　**核算外贸企业出口货物应退增值税**

3月，某外贸公司从境内某供应商处进购一批女装，取得增值税专用发票，注明价款 150 000.00 元，增值税税额 19 500.00 元。服装已经验收入库，货款也已付讫。当月将这批女装全部对外出售给美国某公司，出口发票上注明价款为 54 700.00 美元。申请出口退税的单证已经齐全，退税率为 13%。已知出口女装确认收入的当天汇率为 USD1=CNY7.097 5。

① 购进女装验收入库，付清货款。

借：库存商品——自营出口女装　　　　　　150 000.00
　　应交税费——应交增值税（进项税额）　　19 500.00
　　贷：银行存款——人民币户　　　　　　　　　169 500.00

② 出口女装，确认销售收入。

主营业务收入入账金额折算的人民币 =54 700.00×7.097 5=388 233.25（元）

借：应收账款——应收外汇账款——××公司　　388 233.25
　　贷：主营业务收入——自营出口销售收入　　388 233.25

③计算出口女装的应退税额。由于该批女装的征税率和退税率均为13%，因此不存在出口货物不予退税的税额。

应退税额=150 000.00×13%=19 500.00（元）

借：其他应收款——应收出口退税款——增值税税额　　19 500.00
　　贷：应交税费——应交增值税——出口退税　　19 500.00

7.1.7 应退税额、期末留抵税额和免抵退税额三者关系

从前面内容我们已经知道应退税额与期末留抵税额之间存在一定的关系，这里进行详细介绍。

1. 当期期末留抵税额≤当期免抵退税额

根据相关税法和税收政策的规定，如果外贸企业的当期期末留抵税额≤当期免抵退税额，那么：

当期应退税额=当期期末留抵税额

当期免抵税额=当期免抵退税额-当期应退税额

此时编制如下会计分录。

借：其他应收款——应收出口退税款（按照当期期末留抵税额入账）
　　贷：应交税费——应交增值税——出口退税

按照不予免征和抵扣税额，确认主营业务成本。

借：主营业务成本——自营出口销售成本
　　贷：应交税费——应交增值税（进项税额转出）

办理出口货物退税后的期末留抵税额一般不做账务处理。

2. 期末无留抵税额

如果外贸企业当期期末无留抵税额，那么：

当期应退税额=0

当期免抵税额=当期免抵退税额

此时编制如下会计分录。

借:应交税费——应交增值税——出口抵减内销产品应纳税额
　　贷:应交税费——应交增值税——出口退税(按免抵退税额入账)

3. 当期期末留抵税额＞当期免抵退税额

根据相关税法和税收政策的规定,如果外贸企业的当期期末留抵税额＞当期免抵退税额,那么:

当期应退税额=当期免抵退税额

当期免抵税额=0

办理出口退税后的当期期末留抵税额与当期免抵退税额之间的差额,留待下期继续抵扣。

此时编制如下会计分录。

借:其他应收款——应收出口退税款(按照当期免抵退税额入账)
　　贷:应交税费——应交增值税——出口退税

注意,有留抵税额才能申请退税。

下面通过具体的案例,看看应退税额与期末留抵税额之间的关系。

实例讲解 分析应退税额与期末留抵税额的关系

假设某外贸公司当月全部进项税额为100.00万元,生产产品当期全部销售,内销450.00万元,单证齐全,申报出口退税的销售额折算为人民币300.00万元,出口货物的征税率为13%,退税率为9%。暂不进行账务处理。

当期进项税额－当期内销销项税额=100.00-450.00×13%=41.50(万元)

出口货物征税与退税之差=300.00×(13%-9%)=12.00(万元)

征税与退税之差要进行增值税转出处理。

期末留抵税额=41.50-12.00=29.50(万元)

理论上的出口退税额=300.00×9%=27.00(万元)

由于理论上的出口退税额27.00万元小于期末留抵税额29.50万元,因此没有免抵税额。根据理论上的出口退税额申请出口退税后,剩余增值税留抵税额为 2.50 万元（29.50-27.00），留待以后期间参与增值税以及附加税费的核算。

换句话说，当理论退税额＜期末留抵税额时，当期出口应退税额就为理论退税额，即 27.00 万元。

如果生产产品当期全部销售，内销 477.78 万元，单证齐全，申报出口退税的销售额折算为人民币 272.22 万元，那么：

当期进项税额－当期内销销项税额 =100.00-477.78×13%=37.89（万元）

出口货物征税与退税之差 =272.22×（13%-9%）=10.89（万元）

征税与退税之差要进行增值税转出处理。

期末留抵税额 =37.89-10.89=27.00（万元）

理论上的出口退税额 =300.00×9%=27.00（万元）

由于理论退税额 27.00 万元等于期末留抵税额 27.00 万元，因此免抵税额为 0.00 万元。

换句话说，当理论退税额＝期末留抵税额时，当期出口应退税额就为理论退税额或者期末留抵税额，即 27.00 万元。

如果生产产品当期全部销售，内销 480.00 万元，单证齐全，申报出口退税的销售额折算为人民币 270.00 万元，那么：

当期进项税额－当期内销销项税额 =100.00-480.00×13%=37.60（万元）

出口货物征税与退税之差 =270.00×（13%-9%）=10.80（万元）

征税与退税之差要进行增值税转出处理。

期末留抵税额 =37.60-10.80=26.80（万元）

理论上的出口退税额 =300.00×9%=27.00（万元）

由于理论上的出口退税额 27.00 万元大于期末留抵税额 26.80 万元，因此存在免抵税额，即 0.20 万元（27.00-26.80）。这 0.20 万元留待以后期间参与增值税以及附加税费的核算。

换句话说，当理论退税额＞期末留抵税额时，当期出口应退税额就为期末留抵税额，即 26.80 万元。

7.1.8 退税延期备案的处理方法

根据我国相关税收政策的规定，出口企业或其他单位在出口退（免）税申报期限截止之日前，申报出口退（免）税的出口报关单、代理出口货物证明、委托出口货物证明、增值税进货凭证仍没有电子信息或凭证的内容与电子信息比对不符的，应在出口退（免）税申报期限截止之日前，向主管税务机关报送"出口退（免）税凭证无相关电子信息申报表"。相关退（免）税申报凭证及资料留存企业备查，不再报送。

但如果出口企业或其他单位出口货物劳务、发生增值税跨境应税行为，由于以下原因未收齐单证，无法在规定期限内申报的，应在出口退（免）税申报期限截止之日前，向负责管理出口退（免）税的主管税务机关报送"出口退（免）税延期申报申请表"及相关举证资料，提出延期申报申请。主管税务机关自受理企业申请之日起20个工作日内完成核准，并将结果告知出口企业或其他单位：

①自然灾害、社会突发事件等不可抗力因素。

②出口退（免）税申报凭证被盗、抢，或者因邮寄丢失、误递。

③有关司法、行政机关在办理业务或者检查中，扣押出口退（免）税申报凭证。

④买卖双方因经济纠纷，未能按时取得出口退（免）税申报凭证。

⑤由于企业办税人员伤亡、突发危重疾病或者擅自离职，未能办理交接手续，导致不能按期提供出口退（免）税申报凭证。

⑥由于企业向海关提出修改出口货物报关单申请，在出口退（免）税申报期限截至日前海关未完成修改，导致不能按期提供出口货物报关单。

⑦有关政府部门在出口退（免）税申报期限截止之日前未出具出口退（免）税申报所需凭证资料。

⑧国家税务总局规定的其他情形。

7.1.9 应税消费品出口想要退税需满足什么条件

外贸企业出口应税消费品也需要符合出口退税条件才能办理出口退税。那么，出口应税消费品办理出口退税需要具备怎样的条件呢？

①出口应税消费品应属于消费税征税范围。

②需取得"税收（出口产品专用缴款书）""增值税专用发票（税款抵扣联）""出口货物报关单（出口退税联）"以及"出口收汇单证"等相关单证。

③出口的应税消费品必须报关离境。

④出口的应税消费品在财务上必须做出口销售处理。

同时满足上述条件的出口应税消费品，可以办理出口退税。

当然，有些出口应税消费品不具备出口条件，但也会享受出口退税的优惠，比如对外承包工程公司运出境外用于对外承包项目的消费品，外轮供应公司、远洋运输供应公司销售给外轮、远洋外轮的消费品等。

但是，有些消费品虽然具备出口条件，但是对其不给予出口退税优惠，如禁止出口货物。

由于应税消费品的出口退税率一般就是其征税率，因此退税额的核算与账务处理都比较简单，这里不作详解。

7.2 认识出口退税申报系统

出口退税申报系统是纳税人办理出口退税相关业务事项时需要运用的信息系统。那么，这些申报系统都有哪些呢？

目前，出口退税申报系统主要有三个：一是电子税务局出口退税申报系统；二是国际贸易"单一窗口"出口退税申报系统；三是离线版出口退税申报系统。

电子税务局和国际贸易"单一窗口"都属于互联网申报平台，需要在网络环境中在线办理出口退税业务。二者开发主体不同，电子税务局是国家税务总局设立的，而国际贸易"单一窗口"在不同地区，其开发建设情况有所不同，但都是为出口企业服务，方便纳税人办理出口退税业务。

离线版出口退税申报系统属于单机版申报软件，只要下载到电脑里，没有互联网或者网络不稳定的环境下，纳税人也可以生成出口退税申报数据，拿到税务机关申报。

这三个出口退税申报系统均免费公开给出口企业使用，可自愿选择上述申报系统申报办理出口退税。

下面就来看看这三个出口退税申报系统的入口：

1. 电子税务局

进入国家税务总局官网，选择页面上方的"纳税服务"选项卡，在新弹出的页面中找到"我要办"栏目，单击"网上办税"选项卡，如图7-11所示。

图7-11 单击"网上办税"选项卡

在打开的页面中选择外贸企业所属的省份，进入当地电子税务局，单击"我要办税"选项卡，如图7-12所示。

在打开的登录页面中输入企业统一社会信用代码或者纳税人识别号、登录密码，完成登录，就可以进入办税页面，根据需要找到出口退税申报

第 7 章 外贸业务出口退税实操概览

的入口即可开展出口退税申报事宜。

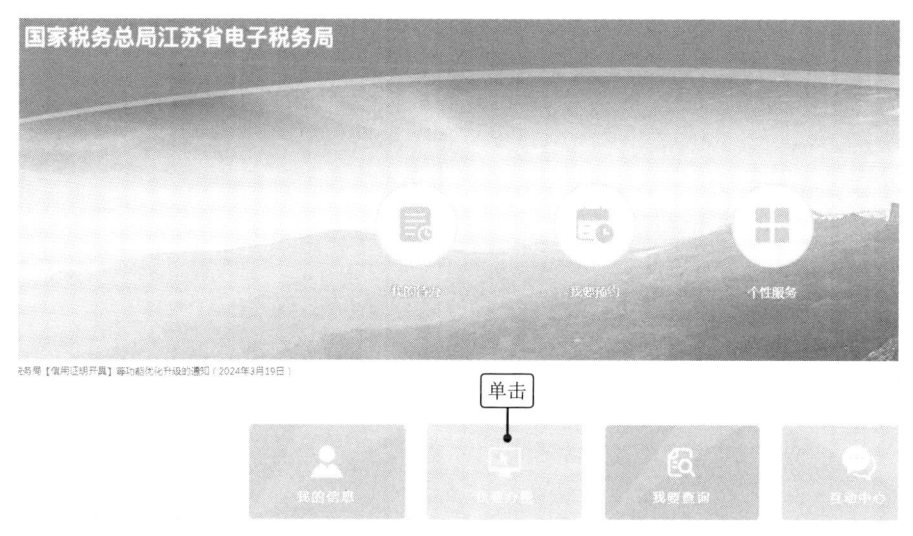

图 7-12 进入电子税务局

2. 国际贸易"单一窗口"

进入中国国际贸易单一窗口官网首页，单击页面左上方的"全部应用"选项卡，在弹出的菜单中选择"口岸执法申报 - 出口退税"选项，单击"出口退税（外贸版）"超链接，如图 7-13 所示。

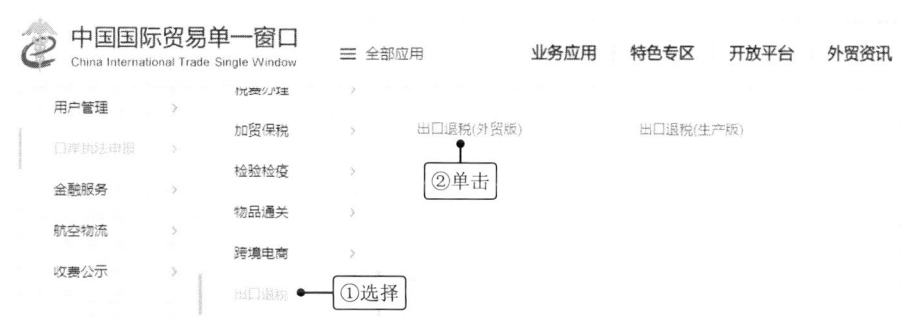

图 7-13 单击"出口退税（外贸版）"超链接

在打开的登录页面中输入用户名和登录密码，登录即可进入出口退税申报页面。

213

3. 离线版出口退税申报系统

进入"出口退税咨询网"首页，在"产品服务"下拉菜单中单击"下载中心"超链接，如图 7-14 所示。

图 7-14　单击"下载中心"超链接

在打开的页面中选择合适的版本，单击"了解详情"按钮，如图 7-15 所示。

图 7-15　单击"了解详情"按钮

在接下来打开的页面中即可下载安装包，完成离线版出口退税申报系统的安装，后续工作中即可用来办理出口退税申报事宜。